HISTOIRE

DE

NOTRE-DAME DE LOURDES

PROPRIÉTÉ DE L'ÉDITEUR

Notre-Dame de Lourdes.

HISTOIRE

DE

NOTRE-DAME DE LOURDES

D'APRÈS

Henri **LASSERRE**

RACONTÉE AUX ENFANTS

PAR

Mlle Marie GUÉ

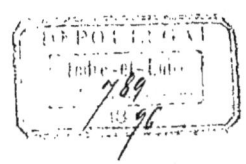

TOURS

ALFRED CATTIER

ÉDITEUR

DÉDICACE

A vous tous, petits enfants, à toi surtout, ma chère Madeleine, à toi, mon bon petit Joseph, je veux dédier ce volume. Puisse la Reine Immaculée des Roches Massabielle, bénir ces quelques pages qui n'ont d'autre but que de vous la faire mieux connaître et aimer davantage. N'a-t-elle pas pour vous un amour de préférence, n'est-ce pas à vous, chers enfants, qu'elle daigne apparaître, parler et sourire quand, descendant des hauteurs de son royaume céleste, elle veut bien effleurer de son pied virginal notre chère terre de France ! N'est-ce pas à vous qu'elle confie les joies et les tristesses les plus intimes de son cœur, à vous qu'elle révèle ses sublimes secrets, vous encore qu'elle choisit pour les ambassadeurs de ses volontés miséricordieuses ? Comme Jésus, son divin Fils, elle aime votre innocence et la simplicité de votre foi. Oh ! demandez-lui bien qu'elle vous garde ces deux vertus si chères à Jésus, et qu'elle soit la sauvegarde et l'égide de votre vie. Nous aurions voulu consacrer à sa gloire une plume plus habile et plus expérimentée que la nôtre, nous la prions de la guider elle-même et lui offrons à défaut de talent, notre bonne volonté.

AVANT-PROPOS

C'est à toi, ma chère Madeleine, que je dois la première inspiration de ce volume ; cédant à tes instances, je t'avais donné à lire la si touchante histoire de Bernadette Soubirous que Henri Lasserre a écrite avec tant d'intérêt et de charme, mais comme je le craignais, après avoir lu quelques pages, tu m'avouas que s'il y avait de petits bouts que tu comprenais, il y en avait aussi de grands que tu ne comprenais pas. Et je regrettai alors qu'aucun auteur n'ait songé à mettre à la portée de vos jeunes intelligences les faits miraculeux des Roches Massabielle, si propres à faire germer en vous, chers enfants, l'amour et la dévotion envers Marie.

Ce fut à peu près à cette époque aussi que deux enfants de ma famille tombèrent fort gravement malades; l'aîné même fut bientôt si mal que les sommités de la science médicale ne donnèrent aucun espoir de le sauver. Cette pauvre petite vie ne tenait plus qu'à un fil, mais ce fil, une mère chrétienne, le cœur brisé de douleurs le remit pleine de foi, entre les mains de la Mère de Jésus. Le fil ne se brisa pas, l'enfant guérit et la maladie de son frère fut enrayée. Il était vraiment touchant, quelques mois après, de les voir tous les deux conduire, pleins de santé et d'entrain les visiteurs qui venaient au château de X*** faire une prière devant la statue de Notre-Dame de Lourdes, qu'eux mêmes avaient placée sur un autel gazonné et entouré de fleurs et de feuillages. Mais la reconnaissance de leurs parents avait hâte d'acquitter la promesse faite à la Vierge Immaculée et de conduire Jean, lui porter son ex-voto d'actions de grâces ; seulement avant d'accomplir ce pèlerinage, sa mère voulut lui faire lire aussi Notre-Dame de Lourdes de M. Henri Lasserre, afin qu'il connût mieux l'histoire miraculeuse dont fut témoin la grotte bénie, mais le petit miraculé manifesta aussi qu'il y avait beaucoup de passages qu'il trouvait trop sérieux pour lui.

Confiant alors au Cœur Immaculé de Marie le doux projet que m'avait inspiré ta naïve réflexion, ma chère Madeleine, je lui promis d'essayer, pour sa plus grande gloire, d'écrire pour les petits, la sublime histoire de l'humble bergère des Pyrénées, dont tant d'enfants ne connaissent pas les détails, que plusieurs ignorent même complètement et que beaucoup, hélas ! entendent railler ou défigurer autour d'eux, dans ce siècle où le monde et l'enfer sont déchaînés pour enlever à ces petites âmes si chères à Jésus et, à Marie, l'innocence et la foi. Conserver aux faits miraculeux de Lourdes toute leur intégrité et leur charme surnaturel, en rendre en même temps l'histoire constamment attrayante pour des enfants, n'est pas, je le sens, chose facile et je demande à ma Divine Mère de me guider et de m'inspirer dans ce travail que je lui offre comme un gage de mon respectueux et filial amour.

HISTOIRE
DE NOTRE-DAME DE LOURDES

CHAPITRE PREMIER

LOURDES

Mes chers enfants, je suis bien sûre que vous apprenez tous la Géographie et que vous savez parfaitement que les Hautes-Pyrénées ont pour chef-lieu Tarbes, et qu'Argelès est une de ses sous-préfectures ; bien près de cette petite ville, il en est une autre presque plus importante et dont le nom vous est mieux connu encore, je n'en doute pas ; vous le devinez, c'est celle de Lourdes.

Il y a bien longtemps, vous n'étiez point nés encore, ni même peut-être quelques-unes de vos mères, quand y commença l'histoire miraculeuse que je veux vous conter, afin que, connaissant mieux combien la sainte Vierge est bonne, vous l'aimiez davantage. Lourdes était dans ce temps-là une fort vilaine petite ville avec des rues tortueuses, étroites et noires : du côté de la place où se trouvait la vieille église dévastée par le emps au dehors, sombre et pauvre au dedans, il y avait bien quelques rues plus larges et moins en pente, mais elles n'étaient pas bien belles encore. Comme toutes les villes, celle de Lourdes se composait de beaucoup de maisons, la plupart en était d'aspect misérable et d'intérieur fort peu confortable. On parlait très peu de Lourdes dans le monde, au ciel ce n'était pas la même chose, et la Reine des Anges attachait son regard maternel sur une maison de cette toute petite ville. Vous croyez peut-être que c'était sur celle de Monsieur le Maire, ou de quelque riche propriétaire du pays ? Il en eût été de même certainement, si dans le royaume céleste, on pensait comme sur la terre ; mais, vous le savez, il n'y a pas de cœur qui ressemble le plus à celui de Jésus que celui de sa divine Mère, et Jésus quand il s'est fait homme et est descendu ici-bas pour nous sauver n'a point choisi de naître dans un palais ou dans un beau château, pas même dans une maison d'ouvriers. Il aimait de préférence les pauvres et a voulu naître pauvre comme eux ; aussi il bénit les enfants riches qui donnent volontiers l'aumône aux malheureux, ou mieux encore, se privent de quelques gâteaux ou de quelques joujoux pour donner une joie à de pauvres petits qui ne connaissent guère celles de ce monde. C'était donc une misérable maison de la vilaine rue des Petits-Fossés que la sainte Vierge regardait avec amour. Elle était habitée par François Soubirous et sa famille. Pendant quelques années il avait pris à ferme un moulin au bord du Gave, mais les temps avaient été durs, on payait mal le meunier ; il y avait des moments où, n'ayant pas d'argent, il ne pouvait acheter du grain à moudre, et alors le moulin chômait. Il se décida alors à l'abandonner et vint habiter rue des Petits-Fossés, allant à la journée chez d'autres meuniers ou chez des fermiers des environs ; mais le bon Dieu lui

La ville de Lourdes.

envoya bientôt une nombreuse famille, et bien que François fût bon travailleur, et qu'il n'allât point dépenser son argent au cabaret le dimanche, la misère se faisait souvent sentir, et le père de famille découragé se désolait et se lamentait de son sort. Mais la mère Soubirous était une bonne chrétienne et une femme vaillante ; quand elle voyait son mari triste et abattu elle l'encourageait de son mieux, lui disant que les enfants grandiraient et dans quelques années gagneraient quelque chose, que les temps ne seraient pas toujours si durs, que le bon Dieu n'abandonnait pas ceux qui le priaient, que la Providence viendrait à leur secours et que Jésus et Marie avaient été pauvres comme eux. Alors François reprenait courage, embrassait sa femme et les petits et allait moins triste à sa journée.

L'aîné des enfants Soubirous était une fille qui avait reçu au baptême le joli nom de Bernadette ; la sainte Vierge, qui avait de si grands desseins sur elle, ayant inspiré ainsi à ses parents de lui donner pour patron saint Bernard, l'un des saints qui l'a le plus aimée et a le plus contribué à sa gloire. Quelque temps après la naissance de la petite Bernadette, sa mère fut si souffrante qu'elle n'avait pas de lait pour la nourrir ; elle la confia à l'une de ses amies qui habitait le village de Bartrès et qui lui promit non seulement de l'allaiter, mais encore de la soigner comme sa propre enfant, ne lui demandant pour cela que cinq francs par mois.

Vos mamans pourront trouver que les nourrices n'étaient pas chères en ce temps-là ; encore, quand la mère Soubirous n'avait pas d'argent à lui donner, ce qui arrivait assez souvent, elle payait la sienne avec un panier de fruits ou de légumes, une volaille ou un lapin et surtout quelques fromages de chèvre. Vous verrez que Bernadette passa à Bartrès toutes les premières années de son enfance.

CHAPITRE II

BERNADETTE

Fort peu de temps après la naissance de Bernadette, le bon Dieu envoya aux époux Soubirous un second enfant, puis il en vint un troisième, et encore un quatrième ; aussi, la mère Soubirous accepta-t-elle volontiers la proposition que lui fit l'excellente femme de Bartrès qui avait nourri sa fille aînée, et ne demandait pas mieux que de la garder après son sevrage, voyant l'embarras et la fatigue de son amie, et aussi la misère des Soubirous. La petite Bernadette grandit ainsi loin du foyer paternel ; elle aimait beaucoup sa mère nourrice qui était très bonne pour elle et aussi ses frères et sœurs de lait ; elle était douce et facile et ne donnait pas grand'peine à élever. Quand elle eût atteint sa cinquième ou sa sixième année, elle commença à aller garder, le long des sentiers de la montagne, les quelques moutons qui formaient le petit troupeau appartenant à sa nourrice qui le lui confiait volontiers, la sachant sérieuse et raisonnable pour son âge ; du reste elle avait peu de santé, elle était petite de taille et assez faible, aussi elle ne s'en allait jamais bien loin comme beaucoup d'autres bergères. Quand elle avait trouvé un bon endroit pour faire paître son petit troupeau elle s'asseyait sur un bloc de pierre ou sur un tronc d'arbre, et, tirant de sa poche le petit chapelet que sa mère lui avait apporté de Lourdes, elle le récitait à demi voix, les yeux fixés vers ce beau ciel bleu au delà duquel il lui semblait voir sourire et s'incliner vers elle la Reine des Anges, chaque fois que, comme eux, elle la saluait de sa voix douce, répétant sans se lasser : « Je vous salue Marie, pleine de grâces ». Je suis sûre, mes chers enfants, que beaucoup d'entre vous pensent qu'elle ne devait guère s'amuser ainsi toute seule, passant son temps à prier ; c'est que voyez-vous elle aimait beaucoup déjà la sainte Vierge et que, comme vous, qui certainement ne vous lasseriez pas de dire à vos mères que vous les aimez, elle ne se lassait pas non plus de le lui dire. Quand vous réciterez votre chapelet et que cela vous semblera long, ennuyeux, pensez un peu à Bernadette ; voyez la sainte Vierge vous sourire, vous bénir et demandez-lui de grandir comme elle, sous son regard et dans son amour. Du reste, Bernadette ne priait pas toujours en gardant son troupeau, elle jouait aussi, tantôt dressant de petits autels de pierres au pied des arbres, les couvrant de mousse et de feuillage, attachant au-dessus une croix formée de deux petits morceaux de bois taillés à l'aide de son couteau, y suspendant quelques branches de fleurs sauvages, ou encore construisant quelques maisonnettes avec du bois, ou de petits fours où elle apportait cuire de jolis cailloux qui lui servaient de pains ; jouant aussi quelquefois avec les plus jeunes agneaux de son troupeau, surtout avec celui qu'elle préférait à tous les autres, parce qu'il était le plus petit et le plus faible, couvrant sa blanche toison des pâquerettes de la prairie, l'entourant des soins les plus tendres, le caressant, le portant dans ses bras quand il semblait fatigué. Elle rentrait le soir gaie et contente, heureuse de sa journée, un tablier rempli de fleurs qu'elle réunissait en bouquets sans art, mais non sans parfum, et le déposait aux pieds de la grossière statuette de la Madone placée sur la cheminée de la pauvre chaumière.

Cependant, Louise Soubirous avait eu plusieurs fois le désir de faire revenir sa fille aînée à la maison ; mais sa famille d'adoption de Bartrès s'était si fort attachée à la douce enfant, qu'elle avait vu grandir à son foyer, qu'elle suppliait toujours le père et la mère Soubirous de la laisser encore ; et les Soubirous cédaient toujours à son désir, car la misère était grande à la maison, et ils n'avaient pas ainsi à payer la nourriture et l'entretien de Bernadette, sa nourrice préférant la garder pour rien plutôt que de la perdre. Elle demeura donc à Bartrès jusqu'à l'âge de 14 ans, n'ayant jamais appris à lire ni à écrire, ne sachant pas même un mot de catéchisme, ne sachant en fait de prières, que le *Pater*, l'*Ave* et le *Credo* qu'elle récitait sur son chapelet. Le bon Dieu la regardait pourtant avec complaisance malgré son ignorance,

Bernadette gardant son troupeau.

car elle avait le cœur bien pur et cette grande simplicité dans sa loi qui lui fait chérir les enfants ; mais la mère Soubirous pensa qu'il était de son devoir de la faire revenir à Lourdes pour l'envoyer au catéchisme et la préparer à sa première communion déjà si retardée. Le jour de son départ de Bartrès, le cœur de Bernadette était partagé entre une grande joie de rentrer à la maison paternelle, car elle chérissait tendrement ses parents, Marie, sa sœur cadette et ses deux frères, qu'elle connaissait si peu encore, et le chagrin de laisser sa bonne nourrice qui l'avait élevée avec tant d'amitié et de soins, celui de ne plus revoir les sentiers fleuris qui côtoyaient le Gave ou s'enlaçaient autour de la montagne et qu'elle avait parcourus si souvent avec son petit troupeau et de jeunes compagnes qu'elle aimait, de sorte qu'elle aurait pu dire comme une enfant, le jour où elle laissait le cher couvent où elle avait grandi pour rentrer dans sa famille : « J'ai un œil qui rit et l'autre qui pleure. » Tout le monde fît fête, dans la pauvre maison de la rue des Petits-Fossés, à cette sœur aînée qu'on aimait sans la connaître ; on l'embrassa, on la caressa, on la questionna, et elle fut bien vite habituée à son nouveau genre de vie. Sa sœur Marie, de deux ans plus jeune qu'elle, était plus grande et plus forte et paraissait plus âgée ; aussi la mère Soubirous l'envoyait-elle de préférence aux champs, ou travailler au dehors et gardait-elle Bernadette si frêle, si délicate, à la maison. Mais elle cherchait toujours à s'y rendre utile à sa mère et lui aidait, sans se faire prier, à la préparation des repas, aux soins du ménage, toujours de bonne humeur et obéissant au moindre signe. La mère Soubirous, qui était une vraie chrétienne, parlait souvent à ses enfants du bon Dieu qui bénit ceux qui sont obéissants à leurs parents et leur rappelait que le petit Jésus quand il travaillait, dans son enfance, dans la pauvre maison de Nazareth était soumis à Joseph et à Marie et que Lui, le Roi du Ciel qui avait eu à son service des légions d'Anges, ne dédaignait pas d'aider sa mère dans ses humbles soins de ménagère. Vous avez tous vu, mes chers enfants, de ces jolies gravures qui le représentent, ce doux Jésus, tantôt rapportant de la fontaine voisine une cruche d'eau pour le repas du soir, tantôt balayant l'atelier de saint Joseph, tantôt debout devant sa divine Mère, tenant sur ses bras qui auraient soutenu le monde entier sans fléchir, un écheveau de laine ou de fil, souriant avec douceur et servant ainsi d'exemple, de respect et d'obéissance à tous les enfants de son âge.

Les journées s'écoulaient rapidement chez les Soubirous, tout le monde était occupé suivant ses forces et sa capacité, aussi on n'y connaissait point l'ennui, cette vilaine maladie qui atteint si souvent les enfants riches bien vite lassés des superbes joujoux et ne sachant bien des fois que faire de leur temps inutilement rempli. Le matin on commençait la journée dans la pauvre maison de la rue des Petits-Fossés par une courte et fervente prière faite en commun; avant le repas, on se signait pour prier Dieu de le bénir et le remercier de la nourriture qu'il voulait bien donner : elle ne se composait pourtant que d'une soupe au pain bien noir et de quelques légumes cuits dans l'eau avec un grain de sel. Vous voyez qu'il n'était pas facile aux enfants Soubirous de faire des péchés de gourmandise, cet affreux défaut qui nuit à l'âme, à la bourse et à l'estomac. Quand on se retrouvait le soir, après le travail de la journée, on la terminait comme on l'avait commencée par une prière récitée tout haut par la mère Soubirous, et Bernadette pensait en cela absolument comme une petite fille que j'ai connue, à laquelle un oncle mal élevé et qui n'aimait pas le bon Dieu du tout, disait un soir : « Tu fais donc deux fois par jour ta prière, Jeanne? cela doit bien t'ennuyer. » Et Jeanne, qui n'avait que cinq ans, regarda son oncle avec étonnement et indignation : « Mais je pense que je ne suis pas un petit chien dit elle, je veux aller voir le bon Dieu dans le ciel quand je serai morte, il faut bien que je dise au bon Dieu que je l'aime, je crois qu'il en est content comme maman quand je le lui dis. » Oui, le bon Dieu était content de la petite Jeanne, il l'était aussi de la famille Soubirous, et la très sainte Vierge regardait déjà l'aînée avec amour comme vous allez le voir dans le chapitre suivant.

CHAPITRE III

LE JEUDI GRAS

Il y avait près de quinze jours que Bernadette était rentrée chez ses parents et comme elle toussait souvent, et souffrait l'hiver d'une oppression très forte causée par un peu d'asthme, sa mère avait si grand'peur de la voir tomber malade qu'elle ne la laissait presque pas sortir de la maison, et la petite bergère de Bartrès souffrait de cette privation d'air et de mouvement, à laquelle elle n'avait pas été habituée, sans oser cependant s'en plaindre à sa mère dans la crainte de lui faire de la peine. Il n'y avait pas du reste à la maison des Soubirous la moindre cour, le plus petit bout de verger et elle n'aurait pu jouer dans la rue étroite et humide sans danger. Pendant que tous les enfants de son âge y couraient pieds nus, même pendant les plus grandes rigueurs de l'hiver, la mère Soubirous voulait que Bernadette portât toujours des bas de laine et de gros sabots de bois.

On était arrivé au jeudi qui précède les jours gras, le 11 février 1858, jour de plaisir et souvent de régal pour vous, mes chers enfants, mais chez les Soubirous il n'y avait point eu d'extrà au maigre dîner de l'après-midi et la provision de bois étant épuisée la mère s'inquiétait même de savoir comment elle pourrait faire cuire celui du soir. « Marie, dit-elle à sa fille cadette, descends le long du Gave, il a fait grand vent cette nuit, il doit y avoir une jonchée de branches sèches ; ramasse-les, rapporte m'en plein ton tablier, je n'ai plus un brin de bois pour faire cuire le souper. « Oh! mère, dit Bernanadette, si vous vouliez me permettre d'aller en ramasser avec Marie, cela irait plus vite et je serais si contente de me promener un peu. »

La mère Soubirous hocha la tête, s'approcha de la porte et regarda le temps ; il était gris et froid et de grosses gouttes de pluie tombaient de temps en temps avec bruit sur les cailloux de la rue.

« C'est impossible, dit-elle, il fait froid, tu tousses et tu prendrais mal, je ne veux pas. » Bernadette insista encore doucement, et sa sœur joignit ses instances aux siennes, mais la mère prudente ne céda pas. En ce moment une amie de Marie, Jeanne Abadie, arriva et tourmenta tant et si bien la mère Soubirous pour laisser Bernadette aller avec elle et Marie à la cueillette du bois, où sa mère l'envoyait aussi, que la femme du meunier céda enfin. « Allons, dit-elle, va, mais ne soyez pas longtemps ; ne te mets pas les pieds dans l'eau et prends ton capulet. — Oh ! merci, maman, dit Bernadette sautant de joie et courant à sa mère pour l'embrasser ».

Bernadette portait une robe de laine noire très usée, avait un mouchoir enroulé sur la tête qui s'attachait sur le côté avec un nœud à la mode du pays, elle jeta pardessus son capulet de laine blanche et partit joyeuse. Elle était l'aînée des trois petites filles, mais semblait la plus jeune, on ne lui aurait pas donné plus de dix à onze ans ; ses membres étaient maigres et délicats, son teint un peu hâlé par le grand air, et de ses cheveux noirs il ne paraissait qu'un petit bandeau de la largeur d'un doigt bordant le mouchoir d'indienne qui les recouvrait ; ses sourcils étaient admirablement arqués et il y avait dans ses grands yeux bruns au regard doux et profond, une expression d'intelligence et de candeur qui charmait, et dans le sourire de sa bouche expressive quelque chose qui dénotait la bonté de son cœur et sa compassion pour toutes les souffrances de ce monde.

Les trois petites filles descendirent ensemble, passèrent près du moulin de Monsieur de Laffite, traversèrent l'îlot du Châlet, puis le pont jeté sur le Gave. Le Gave est une sorte de rivière étroite et profonde creusée dans le sol par les eaux qui descendent de la montagne, provenant de la fonte des neiges ; parfois elle forme sur les hauteurs de petites cascades ou des lacs sur les plateaux, souvent elle roule avec fracas de roc en roc entraînant dans son impétuosité de gros blocs de rochers et devient alors un torrent qui porte souvent le nom de Gave surtout dans les endroits où ses eaux sont plus tranquilles.

Je vous ai dit, mes chers enfants, que Lourdes était une bien vilaine petite ville, mais la vallée où elle a été construite est riante et l'un des plus jolis coins de la terre que vous puissiez imaginer. Elle s'étend au pied des Roches Massabielle, à l'entrée des Pyrénées, cette grande chaîne de montagnes qui, vous vous en souvenez, sépare la France de l'Espagne. Pour voir la cîme de celles de Lourdes il vous faudrait déjà lever vos petits nez bien haut, bien haut; cependant elles ne sont rien en comparaison de celles que vous verriez si vous alliez jusqu'à Cauterets, Saint-Sauveur et Gavarnie ; là vous pourriez en voir dont le sommet glacé paraît bien au-dessus des nuages. Vous voilà bien étonnés, vous le seriez plus encore si je vous disais que les voyageurs qui en font l'ascension sont obligés de traverser ces nuages, cela doit être bien amusant n'est-ce pas ? Eh bien ! tout simplement avant d'arriver, on jouit d'un ciel bleu, d'un beau soleil, puis quand on y arrive, le ciel reste bleu au-dessus de vous mais on entre dans une petite pluie fine comme un brouillard et le nuage passé on retrouve le soleil et le beau temps. Mais, revenons bien vite aux Roches Massabielle où de si grandes choses vont se passer.

Marie, Jeanne et Bernadette traversèrent la prairie sur la rive gauche du Gave; les deux premières marchaient d'un pas assuré et rapide qu'elles étaient de temps à autre obligées de ralentir pour ne pas laisser trop en arrière Bernadette dont l'oppression gênait la marche. Elles arrivèrent ainsi à un cours d'eau formé par la chaussée du moulin et assez profond à l'ordinaire. Mais ce jour-là, le moulin étant en réparation, on avait fermé l'écluse et ce n'était guère qu'un fil d'eau qui courait au pied des roches et séparait seulement les enfants de la grotte Massabielle, sorte d'excavation creusée dans le rocher par le temps. Là s'était amoncelée une grande quantité de bois mort; Jeanne et Marie en avaient déjà ramassé une bonne provision dans leur tablier mais Bernadette avait beaucoup moins avancé à la besogne.

« Il faut traverser le ruisseau, dit Jeanne à Marie, vois toutes ces branches au pied des Roches ». Les deux petites filles enlevèrent vivement leurs sabots et furent en un clin d'œil de l'autre côté du ruisseau. « Dieu! que l'eau est froide, dirent elles en remettant à leurs pieds nus leurs chaussures de bois. » Cette eau provenant en effet de celle du Gave qui vient comme je vous l'ai dit, de la fonte des neiges de la montagne ne pouvait être que glacée au mois de février.

Bernadette songea à la recommandation de sa mère, puis elle avait de gros bas de laine et ne savait trop comment s'y prendre pour traverser le cours d'eau. « Jetez donc quelques grosses pierres que je puisse passer, dit-elle à Jeanne et à Marie. » Mais les deux petites filles ne voulant pas perdre leur temps, l'engagèrent plutôt à se déchausser. Bernadette se résigna et s'assit à terre pour enlever ses bas, elle n'était encore qu'au premier quand elle entendit comme un grand coup de vent : elle se retourna vivement et fut fort étonnée en voyant que les peupliers qui bordaient le Gave n'étaient nullement agités, et que pas la moindre brise n'en faisait remuer la cîme; elle se mit à enlever son second bas, mais le bruit ayant recommencé elle regarda cette fois en face d'elle. D'abord c'était une vive lumière plus brillante que celle du soleil et qu'elle pouvait pourtant fixer sans fermer les yeux, éprouvant au contraire, plus elle la regardait, comme un repos et un indicible bien-être. Au milieu de cette lumière, tout au bord du rocher, un peu en dessus de l'excavation qui y formait comme une grotte assez profonde se tenait une dame d'une admirable beauté, il n'y avait point à la comparer avec les plus jolies de Lourdes, avec celles que Bernadette avait aperçues les dimanches précédents à l'église ; ce n'était point pourtant comme un fantôme, mais une vraie Dame vivante si belle, si belle, que l'enfant se leva subitement et essaya de pousser un cri qui s'étouffa dans son gosier serré par l'émotion, et elle retomba à genoux à terre comme suffoquée, les yeux toujours fixés sur ce visage resplendissant de lumière, de beauté, de grâce et de bonté. La Dame était de taille moyenne, ses grands yeux bleus avaient une expression de douceur céleste, elle portait une robe d'un tissu si fin, si léger, si soyeux que la main seule des Anges pouvait l'avoir tissé. Il était d'une blancheur si éblouissante que celle des neiges des hauteurs de la montagne eût paru à l'enfant terne et noire auprès d'elle ; une ceinture d'un tissu aussi fin et d'un bleu pâle et transparent comme celui du ciel s'enroulait autour de sa taille et retombait devant elle en deux bouts jusqu'à ses pieds nus qui semblaient à peine effleurer le rocher ; sur chacun d'eux, se voyait une rose d'or, au-dessous une branche d'églantier flétrie par l'hiver ; sur sa tête était posé un long voile d'une étoffe légère et brillante qui descendait sur ses épaules et l'enveloppait tout entière ; dans ses mains jointes se trouvait un long rosaire dont les grains aussi blancs que des gouttes de lait étaient enfilés dans une chaînette d'or le plus pur, elle en faisait courir les grains entre ses doigts, mais sa bouche demeurait immobile bien qu'elle semblât prête à s'entr'ouvrir pour parler. Sans doute elle écoutait, au dedans de son cœur, le concert harmonieux des Anges qui la saluait pleine de grâces et celui de tant de voix pieuses qui de la terre montait au ciel, car il était midi et l'*Angelus* tintait dans le vieux clocher de l'église de Lourdes.

Les yeux de Bernadette ne pouvaient se détacher de l'Apparition radieuse, et croyant que la Dame récitait son chapelet, elle retira le sien de sa poche et ne crut pouvoir mieux faire que de prier avec elle, elle en prit la croix et voulut la porter à son front pour en faire le signe, mais l'émotion qu'elle éprouvait lui enlevait toutes ses forces et son bras retomba comme paralysé sur ses genoux. Le regard de la Dame se fixa alors sur elle avec une bonté et une douceur plus grande encore puis, comme pour l'encourager, elle prit elle-même la croix de son rosaire et levant la main d'un geste plein de grâce, semblant bénir ainsi la petite fille agenouillée en face d'elle, elle la porta à son front, comme pour lui demander de continuer sa prière. Bernadette obéit, elle récita le *Credo* puis continua les *Ave Maria*, et venait d'achever la cinquième dizaine et de dire : Gloire au Père, au Fils et au Saint-Esprit, quand l'Apparition disparut.

D'après le temps qu'il lui avait fallu pour réciter en entier son chapelet, on peut calculer qu'elle avait duré un

Première apparition
Bernadette avec les deux jeunes filles qui l'accompagnent.

quart d'heure. Les yeux de Bernadette ne se fixaient plus que sur la niche de pierre grisâtre demeurée vide et au bord de laquelle il ne restait que la branche d'églantier flétrie. Le rocher était redevenu sombre et triste, les roulements du Gave lui semblèrent plus assourdissants, elle retourna la tête, ses eaux lui parurent plus noires, le soleil qui avait percé les nuages était pâle et terne et la campagne tout entière lui semblait désolée. Enfin elle aperçut devant elle au fond de la grotte sombre, Jeanne et Marie qui ayant achevé leur cueillette de bois jouaient ensemble au pied des rochers Bernadette ne douta pas qu'elles n'eussent vu, comme elle, la Dame radieuse dont la beauté avait ravi son jeune cœur ; elle n'eut plus qu'un désir ; aller les rejoindre pour parler d'elle et vite enlevant son second bas, ne pensant plus à l'eau glacée du ruisseau qui l'effrayait tant tout à l'heure à traverser, elle fut en un instant près de ses compagnes mais, elle les trouva si tranquilles, si occupées de leurs jeux, qu'elle connut de suite qu'elles ne s'étaient aperçues de rien, et craignant de leur faire de la peine en leur parlant des belles choses qu'elle avait vues et de paraître ainsi plus favorisée qu'elles, ce qui n'était pas dans son caractère modeste et humble, puis se croyant peut-être obligée de garder le secret vis-à-vis de la Dame inconnue, elle se tut. Mais Jeanne ayant remarqué qu'elle était tombée à genoux et qu'elle avait récité son chapelet et lui trouvant une figure toute préoccupée « Qu'as-tu donc lui demandèrent-elles toutes les deux à la fois ? » Bernadette ne voulait pas mentir elle répondit simplement :

« Puisque vous n'avez rien vu je n'ai rien à vous conter ». Et toutes les trois reprirent ensemble le chemin de la ville. Mais, pendant le trajet, Bernadette semblait si absorbée et si troublée que la curiosité des petites filles s'éveilla de nouveau car depuis que ce vilain défaut a contribué avec l'orgueil et la désobéissance à la perte de notre pauvre grand'mère Ève, et par suite à la nôtre, il n'y a pas beaucoup de ses filles qui en soient complètement exemptes ; elles se mirent donc à tourmenter Bernadette pour qu'elle leur dise ce qu'elle avait vu aux Roches. Le cœur de la petite bergère de Bartrès était trop rempli de ce qui venait de se passer pour qu'elle puisse longtemps garder ce secret qui l'étouffait. Elle avoua d'abord qu'elle avait vu en effet quelque chose ; Jeanne et Marie la tourmentèrent pour leur donner des explications et Bernadette se décida à tout raconter.

Les petites filles furent émerveillées, et aussi un peu effrayées, car les enfants pauvres surtout étaient dans ce temps-là du moins fort craintifs et fort timides, deux défauts que l'on n'a point à leur reprocher aujourd'hui car l'on se plaindrait volontiers du contraire.

Arrivées chez elles, elles n'eurent rien de plus pressé que de raconter à leurs parents et à leurs voisins ce que Bernadette venait de voir. La mère Soubirous fut mécontente : « Allons, dit-elle, laissez là ces lubies, tu as cru voir et tu n'as rien vu, ne pensez plus à tout cela, ce sont des enfantillages et n'en parlez pas surtout, et toi Bernadette, je te défends de retourner aux Roches ». Le cœur de l'enfant devint bien gros car, vous le pensez, son plus grand désir était d'y revenir, elle ne songeait pas à désobéir à sa mère, mais la belle Dame inconnue, voulait que Bernadette y retournât et vous verrez que la mère Soubirous fut obligée de lui obéir.

CHAPITRE IV

BERNADETTE RETOURNE A LA GROTTE

Le vendredi et le samedi se passèrent. Vous le comprenez, mes chers enfants, Bernadette ne pensait qu'à la belle Dame des Roches et elle n'avait qu'un désir : la revoir. Elle n'était heureuse que quand avec Jeanne et Marie elle pouvait en parler, et les petites filles, qui en étaient aussi tout occupées, ne se lassaient pas d'entendre ses récits. Jeanne et Marie avaient des compagnes de classe ou de catéchisme, il y en avait plusieurs qui habitaient la rue des Petits-Fossés ou les environs, elles furent bientôt au courant de ce qui s'était passé dans l'île du Châlet et de l'apparition de la belle Dame à Bernadette aux Roches Massabielle. Aussi ne les voyait-on plus courir et jouer quand elles se trouvaient deux ou trois réunies, mais chuchoter tout bas d'un air mystérieux. Enfin le dimanche matin arriva ; au sortir de la grand'messe tout un petit troupeau entoura la fille aînée de François Soubirous et chacune des compagnes de son âge lui montrait les plus jolies dames de Lourdes et parmi les jeunes ouvrières celles qui avaient la plus grande réputation de beauté, elles lui demandaient si la Dame des Roches était aussi jolie qu'elles. Bernadette les regardait avec pitié : « Ah ! disait-elle, toutes celles que vous connaissez n'approchent guère de sa beauté. » Les petites filles complotèrent alors ensemble d'aller demander à la mère Soubirous de les laisser emmener Bernadette aux Roches, car elles espéraient que si la Dame apparaissait encore, toutes la verraient aussi cette fois, ce dont elles avaient le plus grand désir et la plus vive curiosité. Cependant elles étaient en même temps un peu effrayées : « Qui sait, disaient les plus petites, si elles ne nous veut pas de mal ? — Peut-être, disaient les plus grandes, est-ce un revenant ou un fantôme. » Et comme toutes étaient plus instruites en religion et en catéchisme que la pauvre bergère si ignorante de Bartrès, elles décidèrent qu'elles emporteraient de l'eau bénite et dirent à Bernadette : « Quand tu la verras, il faudra que tu lui jettes tout de suite de l'eau bénite en disant : « Madame, si vous venez au nom de Dieu avancez, mais si vous venez au nom du diable allez-vous-en. » Monseigneur l'évêque n'aurait pas mieux parlé. Toute la bande courut chez la mère Soubirous et se mit à la tourmenter pour obtenir son consentement à la promenade projetée ! Tout d'abord la mère de Bernadette tint bon, mais harcelée par les enfants, elle finit par dire seulement : « Je ne puis pas vous laisser aller là-bas, le Gave a beaucoup grossi depuis deux jours, puis je suis sûre que vous ne serez pas de retour pour les vêpres, je ne veux pas que vous les manquiez. » Les enfants assurèrent qu'elles ne s'approcheraient pas du Gave et promirent d'être de retour à l'heure dite. La mère Soubirous haussa les épaules mais les laissa partir. Comme Bernadette était heureuse, elle ne sentait pas son oppression ni la fatigue ce jour-là, et elle marchait en tête de la bande joyeuse. Dès qu'elle aperçut la roche grise son cœur battit violemment : « C'est là que je l'ai vue, » dit-elle à ses compagnes. Elle leur montrait de la main la niche vide et l'églantier qui enlaçait le rocher. Elles attendirent un instant, rien ne parut : « Il faut prier, dit Bernadette, et réciter notre chapelet, cela la fera peut-être venir. » Les petites filles lui obéirent émues et frémissantes et se mirent chacune en leur particulier à réciter le chapelet, elles le commençaient à peine quand les traits de Bernadette s'illuminèrent d'une joie profonde : « La voilà, dit-elle, regardez, elle avance. » Mais les pauvres enfants ne voyaient rien. Bernadette seule jouissait de la vision merveilleuse. Ses compagnes ne pouvaient douter un instant de la vérité de ses paroles car le visage de la sœur de Marie s'était transfiguré et ses yeux ravis se fixaient avec une expression de bonheur et d'amour sur la niche qui demeurait sombre et vide pour les autres enfants ; puis elles savaient que Bernadette n'avait jamais menti et avaient en elle toute confiance. Tout à coup l'une d'elles prit la demi-bouteille d'eau bénite qu'elles avaient apportée et vint la placer dans les mains de l'heureuse voyante qui se souvint alors de ce qu'elle avait promis et versant de l'eau bénite dans sa main, elle en jeta dans la direction de la niche.

— « Si vous venez au nom de Dieu, commença-t-elle... » au nom de Dieu le visage de la Dame devint plus radieux encore et elle s'inclina par trois fois regardant Bernadette avec bonté. « Si vous venez au nom de Dieu, avancez » répéta l'enfant. La Dame obéissant à son ordre naïf s'approcha du bord du rocher, mais en présence de cette bonté incomparable, de ce regard si doux attaché sur elle avec tant de tendresse, la petite fille n'osa pas articuler un second ordre et ces paroles : « Si vous venez au nom du diable » expirèrent sur ses lèvres, sans qu'elle pût les prononcer et ne purent jamais lui venir à la pensée une autre fois. Cela fait, elle continua son chapelet, et comme le jeudi précédent, au moment où elle l'achevait, l'Apparition disparut et tout rentra dans l'ombre autour d'elle.

Elle se releva silencieuse, mais ses compagnes l'entourèrent, la pressèrent de questions, et toutes reprirent le chemin de Lourdes fort agitées, sauf Bernadette qui savourait dans son cœur la grande joie qui venait de lui être donnée.

Les petites filles ne voulaient pas manquer aux vêpres comme elles l'avaient promis à la mère Soubirous. C'étaient de bonnes enfants des montagnes, simples dans leur foi, comme dans leurs manières, et bien qu'elles fussent, comme je vous l'ai dit, moins ignorantes que Bernadette, elles n'étaient point encore très savantes ; elles eussent été fort en peine, même les plus grandes, d'obtenir leur certificat d'études, dont il n'était point du reste question dans ce temps-là, et si on leur avait demandé de nommer quelques rois des races Mérovingienne et Carlovingienne, de dire les dates de quelques-unes des batailles du règne de Louis XIV ou de celui de Napoléon Ier ; de tracer une carte de géographie, de dire même les départements des bassins de la Seine et de la Garonne, de faire quelques problèmes de système métrique, elles auraient certainement ouvert de grands yeux fort étonnés, absolument comme si on leur eût parlé grec ou hébreu ; mais elles savaient peut-être beaucoup mieux leur prière ou leur catéchisme que plusieurs de ces petites savantes de nos jours, si orgueilleuses de leur science qu'elles se croient bien au-dessus de leurs compagnes et même de leurs parents, se rendant insupportables à tout le monde par leur vanité. Quant aux amies de Bernadette, comme elles respectaient la religion et ses ministres, elles ne se seraient pas permises de se moquer et de contredire ce que disaient leurs prêtres ; elles aimaient et respectaient le bon Dieu et aussi leurs parents, ce qui est tout un ; elles n'étaient point envieuses, ni jalouses ; vous ne les avez point entendues murmurer de ce que Bernadette, plus priviligiée qu'elles, voyait cette belle Dame qu'il ne leur était point donné de voir. Il faut dire qu'elles étaient élevées par des parents chrétiens qui savaient que pour se faire aimer et respecter de ses enfants, il faut leur apprendre à aimer et à respecter le bon Dieu et leur en donner l'exemple.

Quand on sortit des vêpres le temps était splendide,

et tout le monde parlait, dans les groupes qui se formaient sur la place de l'église, de ce que la petite Soubirous avait vu à la grotte de Massabielle, car le bruit commençait à s'en répandre. Il y avait des ouvriers carriers fort nombreux à Lourdes, des lingères, des couturières et chacun donnait son avis sur la prétendue apparition. Les uns y croyant, les autres s'en moquant, descendirent par curiosité et comme but de promenade vers les bords du Gave. Il n'y avait que dans la haute société où l'on s'occupait peu de ces contes d'enfants. Enfin les deux premiers jours de la semaine, les voisines des Soubirous et même plusieurs personnes de la ville vinrent voir Bernadette et la questionner au sujet de cette Dame merveilleuse, et les langues marchèrent grand train, car ceux qui avaient vu Bernadette et l'avaient fait causer ne pouvaient s'empêcher de croire ce qu'elle racontait; il y avait dans ses paroles si simples un tel accent de vérité! mais les avis étaient partagés et l'on voulait savoir, comme les enfants, si cet esprit, car bien sûr c'était un esprit, était envoyé de Dieu ou du diable. Quelques personnes assuraient que ce devait être une pauvre âme en souffrance dans le Purgatoire ; les autres disaient qu'alors elle aurait eu l'air triste et malheureux; les jeunes filles et quelques dévotes pensaient que la Dame, étant vêtue d'une si belle robe blanche, devait être soit une religieuse, ou quelque bonne personne des environs morte ces derniers temps, et qui, au Ciel maintenant était peut être une grande sainte.

Au nombre des premières était une jeune fille nommée

Antoinette Peyret, qui faisait partie de la Congrégation des Enfants de Marie et une dame nommée Mme Millet, toutes deux vinrent trouver Bernadette le Mercredi des Cendres et lui demandèrent de les emmener avec elle à la grotte le lendemain matin. Elles décidèrent encore une fois la mère Soubirous à y laisser aller sa fille à la grande joie de l'enfant.

Il faudra que tu pries la Dame de te dire qui elle est, il faut bien que tu saches enfin son nom, mais dans la crainte que tu ne l'entendes pas bien ou que tu ne comprennes pas ce qu'elle te dira, il faudra que tu lui dises de te l'écrire sur un papier. « Je le ferai, dit la petite fille, ravie à la pensée de revoir le lendemain matin la radieuse Apparition dont le souvenir occupait maintenant tout son cœur. » Aussi, après avoir été entendre la messe à l'église de Lourdes, elle descendait dès l'aube avec ses deux compagnes vers les Roches Massabielle. Les réparations du moulin étant terminées et le ruisseau ayant repris son cours ordinaire, il n'y avait plus moyen d'y arriver par l'île du Châlet. Elles prirent donc par les hauteurs et arrivèrent à la montagne des Espérugues qui y conduisait par un chemin en lacets, raviné par les neiges et les pluies de l'hiver, semé de cailloux et garni de broussailles. Ce lacet descendait jusqu'à la forêt de Lourdes par une pente rapide malgré ses contours. Antoinette et Mme Millet bien que toutes deux fortes et alertes n'avançaient qu'à grand'peine et avec beaucoup de fatigue. Quant à la petite bergère de Bartrès, si faible, si délicate, elle ne paraissait pas s'apercevoir des difficultés de la route et à mesure qu'elle approchait de la grotte il lui semblait qu'une main invisible la soulevait, jamais elle ne s'était sentie aussi forte, aussi agile. Bien qu'elle parcourût pour la première fois ce chemin des rochers qui était presque à pic, elle arriva la première à la Grotte, le visage reposé et sans la moindre oppression. De suite elle s'agenouilla et commença à réciter son chapelet, mais à peine avait-elle fait le signe de la croix qu'elle jeta un grand cri.

A quelques pas, en face d'elle, la niche de pierre s'éclairait de cette lumière plus brillante que celle du soleil, mais qui reposait les yeux au lieu de les fatiguer et au milieu, au bord du rocher, et toujours au-dessus de l'églantier qui l'enlaçait, l'Apparition radieuse des jours précédents venait de se montrer. Antoinette et Mme Millet arrivaient, et de suite elles furent frappées du bonheur qu'exprimaient les traits de l'enfant qui, les yeux fixés vers le rocher semblait être dans une extase d'admiration et de bonheur. Cependant elle les vit s'approcher d'elle, et leur dit : « Elle est là, elle me fait signe d'avancer. — Demande-lui si elle veut que nous nous retirions dirent les deux compagnes de la petite Soubirous. »

Celle-ci adressa la question à la Dame : « Elle veut bien que vous restiez dit-elle. » Heureuse de cette permission Antoinette et Mme Millet se placèrent un peu derrière la petite fille.

« Approche-donc, dirent-elles à Bernadette, puisqu'elle te fait signe d'avancer, demande lui qui elle est, ce qu'elle veut, et qu'elle te dise si elle est une âme souffrante, si elle veut des messes ou s'il faut faire autre chose pour la soulager, qu'elle te l'écrive sur ce papier. » Elles mettaient dans la main de l'enfant une feuille de papier, une plume et un encrier. La Dame sourit à Bernadette avec bonté comme pour l'encourager, mais à mesure qu'elle approchait du rocher, elle se reculait au fond de sa niche ; un instant Bernadette ne l'aperçut plus ; alors elle entra dans la Grotte qui se trouvait au-dessous de l'excavation et là, plus bas, presque au-dessus de sa tête, elle la revit plus souriante et plus belle encore. Antoinette et Mme Millet voulurent s'approcher, mais soit dans le regard, soit dans un geste de l'Apparition, Bernadette leur dit de s'éloigner, ce qui les couvrit de confusion ; elles demeurèrent à l'entrée de la Grotte en face encore du point où les yeux de Bernadette demeuraient fixés, elles la virent se mettre sur la pointe des pieds et étendre les bras pour présenter à la Dame les objets qu'elle tenait à la main : « Madame, dit l'enfant, si vous avez quelque chose à me communiquer veuillez l'écrire sur ce papier. » A cette naïve question la Vierge sourit et attacha un regard plein d'une tendresse infinie sur la pauvre bergère de Bartrès, l'un de ces regards que Jésus son divin Fils fixait sur les petits enfants qu'il voulait qu'on laissât approcher de lui pendant ses longs voyages dans la Judée, alors que, posant ses mains divines sur leurs têtes blondes, il les caressait avec amour, parce qu'il aimait leurs cœurs purs, leur foi simple et naïve comme Marie a aimé celle de la petite bergère.

« Ce que j'ai à vous dire, je n'ai pas besoin de l'écrire, dit la sainte Vierge, faites-moi seulement la grâce de venir ici pendant quinze jours. — Je vous le promets, dit la petite fille avec élan. »

La Vierge sourit encore et fit un signe de satisfaction, elle avait confiance dans la promesse de l'humble enfant, car elle sentait bien qu'elle lui avait donné tout son cœur.

« Et moi, dit-elle, je vous promets en retour de vous rendre heureuse non point dans ce monde, mais dans l'autre. »

Bernadette retourna alors s'agenouiller près de ses compagnes, leur raconta ce qui venait de se passer et dit à Antoinette : « Elle te regarde en ce moment », ce dont la jeune ouvrière fut toute émue et ce qu'elle n'oublia jamais de sa vie. Antoinette portait encore à la la main le cierge bénit qu'elle avait apporté et allumé dès que Bernadette lui avait dit : « Elle est là ». Jamais on n'avait vu briller la lueur d'un cierge au milieu de ces roches désertes ; il fut le premier qui s'y alluma, et depuis, mes enfants, que de milliers, de centaines et de centaines de mille ont brûlé et brûleront à cette même place, à la Grotte bénie.

« Demande-lui, dirent les deux femmes à Bernadette, si cela la contrarie que nous t'accompagnions ici pendant cette quinzaine. » Bernadette s'adressa alors à l'Apparition.

« Elles peuvent revenir avec vous, répondit la Vierge, je désire y voir du monde » et la Dame disparut, laissant après elle, cette lumière brillante qui paraissait toujours avant elle à son arrivée, mais ne disparaissait qu'après elle, comme l'avait remarqué la petite bergère.

Si la sainte Vierge, mes chers enfants, regarda plutôt Antoinette Peyret que Mme Millet c'est qu'elle a pour vous un amour de prédilection, car elle aime beaucoup les jeunes filles, celles du moins dont le cœur reste pur, c'est-à-dire qui n'y laissent ni pensées d'orgueil, ni désirs de vanité ou de coquetterie, qui ne cherchent à plaire qu'au bon Dieu et sont aussi restées fidèles à leurs pratiques religieuses et à la foi de leur enfance ; parmi ces jeunes filles restées bonnes et pieuses il y en a que la sainte Vierge chérit avec plus de tendresse encore : ce sont celles qui lui ont demandé d'être leur mère et qu'elle a adoptées comme ses enfants dans quelque association consacrée à son amour et à sa gloire. Antoinette, vous le savez, était de ce nombre puisqu'elle était Enfant de Marie et faisait partie de la congrégation de la paroisse de Lourdes, voilà pourquoi la sainte Vierge la regardait avec tant de bonté.

CHAPITRE V

LA FOULE A LA GROTTE

De retour à Lourdes, le jeudi 18 février, Bernadette fit connaître à ses parents tout ce qui venait de se passer, et annonça que la Dame lui avait demandé de lui faire la grâce de retourner pendant quinze jours à la Grotte, ce qu'elle avait promis. La mère Soubirous émue du récit de sa fille n'osa rien lui dire et Bernadette augura de son silence une permission qu'elle désirait vivement.

De leur côté, Antoinette et Mme Millet avaient raconté de maison en maison ce qu'elles avaient vu et les conversations mystérieuses de la petite bergère avec la dame inconnue ; elles parlaient avec émotion du changement extraordinaire qui se faisait sur le visage de l'enfant aussitôt qu'elle apercevait l'Apparition ; de son regard ardemment fixé sur elle et comme ravie en extase. C'était le grand marché de Lourdes ce jour-là, et le soir même l'histoire de l'Apparition de la Dame inconnue que l'on commençait bien à supposer être la sainte Vierge fut portée dans toutes les villes et les hameaux du département. Le lendemain à Lourdes on ne parlait plus que de cela dans toutes les maisons pauvres ou riches, dans tous les ateliers de travail, dans tous les magasins, dans toutes les écoles ; chacun disait son mot, mais, vous le savez, mes chers enfants, il y a malheureusement partout, et il y avait à Lourdes, beaucoup de ces hommes qui ont oublié ce que leur mère leur avait appris de la religion dans leur enfance, les leçons du catéchisme, les joies de leur première communion et qui, abandonnant le bon Dieu, finissent par être abandonnés de lui. Ces hommes se moquaient de la simplicité des femmes qui croyaient à de pareilles choses, et il y en avait même des plus mauvais, de ceux qui étaient devenus ce que l'on appelle des libres-penseurs, c'est-à-dire de ces hommes, dont vous avez entendu parler

La foule se porte à la Grotte.

quelquefois, et qui ne croient plus que le bon Dieu leur ait donné une âme qui ne doit jamais mourir mais être heureuse ou malheureuse toute l'éternité selon qu'elle aura obéi aux commandements de son Créateur; ils trouvent du plaisir à se croire un animal, tout simplement un peu plus intelligent que les autres, disent que lorsqu'ils meurent tout est fini, et pour cela se font enterrer comme leurs chiens ou leurs ânes. Eh bien! ces messieurs les libres-penseurs qui se croyaient beaucoup plus fins encore que les autres, disaient que cette petite Soubirous était une comédienne et que la police devrait faire cesser cela tout de suite. Croiriez-vous qu'un de ces hommes sans foi et méchants avait écrit dans un petit journal qui paraît tous les jours à Lourdes que trois petites filles de la rue des Petits-Fossés étaient allées dans l'île du Châlet pour voler du bois, et que, croyant entendre le propriétaire à leur poursuite, elles avaient traversé le ruisseau et s'étaient réfugiées sous la Grotte, et que là, l'une d'elles fort habile comédienne, avait inventé une histoire pour ramasser de l'argent et qu'il fallait se défier de tous ces bavardages. Malgré ces mensonges et ces méchancetés ce n'étaient plus seulement Antoinette et Mme Millet qui accompagnaient Bernadette aux Roches Massabielle, ce fut d'abord une centaine de personnes, puis deux cents, enfin on en compta plus de cinq cents. Tout ce monde était témoin du calme de la petite fille qui passait sans se troubler, et comme sans apercevoir la foule au milieu de laquelle elle venait s'agenouiller toujours à la même place pour y commencer son chapelet. On pouvait voir aussi le changement merveilleux qui s'opérait sur son visage aussitôt que la lumière radieuse qui annonçait l'arrivée de la Dame lui apparaissait, on voyait parfois tomber sur ses joues de grosses larmes, on la voyait demeurer immobile, les yeux fixés sur l'Apparition, avec un ravissement d'admiration qu'elle ne pouvait contenir dans son cœur.

Tout ce monde en rentrant à Lourdes s'écriait : « Bien sûr elle voit quelque chose. » Les beaux messieurs et les belles dames qui étaient là aussi, et qui avaient vu les théâtres de Paris assuraient qu'aucune des plus grandes comédiennes qu'ils avaient vu jouer, n'aurait pu ainsi se changer le visage à volonté. Les méchancetés et les contes de messieurs les libres-penseurs, des impies de la ville et des environs ne furent plus écoutés ; seulement il y avait aussi des savants qui disaient que Bernadette était une enfant malade, qu'elle avait la tête faible, une maladie nerveuse, peut-être même un commencement de folie, et que bien sûr si elle n'était pas folle encore, elle le deviendrait ; beaucoup de gens pensaient comme eux et croyaient que la pauvre Bernadette n'avait pas bien sa raison.

Depuis quelques jours elle avait commencé à suivre les catéchismes de la paroisse que faisait cette année-là un jeune vicaire nommé l'abbé Pauvian; celui-ci ne connaissait pas la fille aînée de François Soubirous, et il ne l'avait point encore remarquée à son catéchisme. Quand il apprit tout ce qu'on racontait des choses merveilleuses que voyait la petite bergère de Bartrès aux

Roches Massabielle, il eut un grand désir de la connaître et le troisième jour de la quinzaine promise par Bernadette à l'Apparition, il l'appela par son nom pour l'interroger et il fut surpris de voir se lever une petite fille beaucoup plus petite que les enfants de son âge, fort pauvrement vêtue, à la figure maigre et pâle, et il put se convaincre par ses réponses, qu'elle était d'une ignorance complète en catéchisme ; elle lui parut très timide mais il lui sembla que ses yeux bruns quand ses paupières se relevaient avaient une expression de simplicité et d'innocence qui laissait deviner toute la pureté de son âme candide, et il se promit de la suivre aussi lui le lendemain matin jusqu'à la Grotte pour voir un peu ce qui arriverait, mais Monsieur le curé de Lourdes averti de ce qui se passait s'y opposa.

CHAPITRE VI

L'ABBÉ PEYRAMALE

Le curé de Lourdes en ce temps-là se nommait M. Peyramale. Il était né dans un village des Hautes-Pyrénées d'une famille chrétienne et des plus honorables ; il avait reçu au baptême le nom de Marie-Dominique. Vous avez vu, mes enfants, que le père et la mère Soubirous inspirés très certainement de Dieu avaient donné pour patron à l'enfant qui devait être la privilégiée de la Reine du ciel avec le nom de Marie, qui la mettait sous sa protection, celui de ce grand saint Bernard, ce serviteur si dévoué à la mère de Dieu. Eh bien ! le docteur Peyramale et sa femme, par une spéciale inspiration sans doute, donnèrent à celui qui devait être connu plus tard dans le monde entier sous le nom de curé de Lourdes, du curé des apparitions, d'abord le nom de la Vierge Immaculée puis celui de cet illustre saint Dominique auquel la Mère de Jésus avait appris le Rosaire, cette dévotion si simple et si puissante sur le cœur de Marie, qu'il devait faire connaître et aimer aux petits et aux grands : cette dévotion qui devait être si chère à Bernadette dans son enfance, de ce rosaire que Notre-Dame de Lourdes devait elle-même égrener tant de fois dans ses mains virginales sur la Roche de Massabielle. Remarquons aussi, mes chers enfants, avec M. Henri Lasserre que Marie-Dominique est né et a été baptisé le 9 janvier 1811, et que trente-trois années plus tard aussi le 9 janvier, Bernadette Soubirous recevait le baptême dans l'église de Lourdes. Marie-Dominique montra dès son enfance les vertus et les défauts qui devaient caractériser sa vie entière : vif, ardent, brusque, tenace dans ses volontés, tendre, affectueux, d'une franchise qui ne laissa jamais ses lèvres d'enfant se souiller du moindre mensonge. Ce beau garçonnet de six ans, fort et agile, avait pour toutes les misères de ce monde une grande compassion et l'on pouvait présager déjà dans l'enfant, ce que serait plus tard la charité du prêtre.

L'abbé Peyramale.

« [1] Il avait cinq ou six ans, quand un jour, au commencement de l'hiver, Mme Peyramale apporta de la ville une paire de sabots, qu'elle déposa dans un coin du vestibule, ensuite elle sortit pour faire quelques courses ; en revenant elle rencontra près de chez elle une pauvre femme très misérable dont les pieds ordinairement nus étaient chaussés de sabots tout neufs. Sur le seuil de la porte le petit Dominique l'air ravi la regardait s'éloigner, la mère comprit : « Comment petit vilain ! dit-elle à son fils, tu t'es permis de donner mes sabots à cette femme ?

— Maman, répond l'enfant avec simplicité, elle était plus pauvre que vous !

« Quelques années plus tard, il avait alors huit à dix ans, il courait un jour d'hiver aux alentours de la maison, tout à coup, il rencontre un autre enfant vêtu de haillons en toile et grelottant sous le vent glacé ; Marie-Dominique l'arrête « Attends, dit-il, chacun son tour changeons d'habits, toi tu auras chaud et moi j'aurai froid. » Et comme le pauvre enfant étonné semblait hésiter, Marie-Dominique lui arracha sa veste, puis ses autres habits suivirent et tous deux furent bientôt transformés de la tête aux pieds. Lorsque le bon petit Dominique rentra chez lui ainsi costumé, sa mère jeta les hauts cris : il conta son aventure, Madame Peyramale voulut alors lui prêcher la modération, mais devant une telle preuve du grand cœur de son fils, elle ne peut que le pres-

---

[1] Les anecdotes qui suivent sont empruntées à un récit publié récemment dans la *Revue: La quinzaine* par M. Henri LASSERRE et intitulé : *Le curé de Lourdes avant les apparitions*.

ser dans ses bras en pleurant. Ne croyez pas pourtant, mes enfants, que Dominique fut sans défauts : robuste de corps, ardent de cœur, il aimait passionnément le jeu, surtout les exercices violents. »

Heureusement pour lui ses parents, comme je vous l'ai dit, étaient de fervents chrétiens, ils avaient su lui inspirer l'amour des pauvres, mais tout d'abord l'amour de Dieu, et ce fut dans sa foi vive et profonde, dans sa piété tendre et sincère, qu'il puisa tout jeune encore la force de modérer cette ardente nature et de vaincre ses défauts d'enfants. Aussi quand vint le grand jour de sa première communion, ce fut de tout son cœur qu'il se donna à Dieu. Dieu en récompense se fit connaître et aimer de cette âme d'enfant pure et généreuse qui bientôt brûlait du désir de se consacrer toute entière au service des âmes, surtout celle des pécheurs, des souffrants et des pauvres. Après de brillantes études au séminaire de Tarbes, en 1835, il était prêtre et nommé vicaire de Vic-en-Bigorre. Là, il trouva un vénéré curé qui, épuisé par l'âge et les fatigues d'un long ministère, fut heureux de pouvoir confier au jeune vicaire dont il apprécia bientôt les vertus, la plus grande partie de l'administration de la paroisse. On commença à connaître ce qu'étaient l'admirable charité et l'infatigable dévouement de l'abbé Peyramale ; on y apprécia aussi la bonté de son cœur. « Il y avait au presbytère, raconte M. Lasserre, un vieux serviteur dont les forces commençaient à décliner et qui souffrait pendant l'hiver de douleurs et d'oppression qui cependant ne l'empêchaient pas de faire clopin-clopant son service. Depuis quelques jours, le bon curé remarquait que son domestique avait des façons étranges, il le voyait sombre, préoccupé, se passant souvent la main sur le front, faisant de grands signes de croix, il se demandait si la tête du vieillard ne commençait pas à se déranger. Il se décida à l'interroger : « Mon pauvre François tu as quelque chose. — Certainement, Monsieur le curé, mais je ne peux pas vous le dire, vous seriez pour sûr pas content, et le curé insista.

« Voyons, voyons, conte-moi cela.

— Eh bien ! Monsieur le curé, se décida à dire le pauvre homme, c'est que j'avais toujours cru que les esprits et les revenants n'entraient jamais dans une cure et voilà qu'il y en a chez vous.

— Mais mon pauvre ami, tu perds la tête, dit le curé en regardant avec compassion son vieux serviteur.

— Non pas, non pas, dit celui-ci, Monsieur le curé sait bien avec quel soin je ferme tous les soirs les portes de la cour et de la maison ; même j'emporte les clefs dans la chambre. Eh bien ! malgré tout il entre quelqu'un la nuit et où passerait-il si ce n'était un esprit ? Le soir, il n'y a pas une goutte d'eau dans mes cruches et le matin je les trouve pleines, mon écurie est balayée, mon cheval étrillé, mon bois scié. Monsieur le curé voit bien que je ne suis pas fou en disant qu'il vient un esprit.

— Eh bien ! dit en souriant le vieux prêtre, je t'engage à te mettre au guet pour le voir nous saurons ainsi à quoi nous en tenir.

— Pour sûr que non, je ne bougerai pas de ma chambre ; je ne voudrais pas me rencontrer avec lui, dit avec épouvante le domestique.

— Ce sera moi alors qui veillerai pour découvrir ce mystère. Et la nuit suivante en effet le bon curé veilla ; longtemps avant le jour il entendit le petit bruit d'une porte que l'on ouvrait doucement, il vit s'avancer une grande ombre noire, et à la clarté de la lune, il reconnut son vicaire, porteur de deux cruches d'eau. Il savait tout. « Ah ! mon pauvre François, dit-il le lendemain, au déjeûner, je connais maintenant l'esprit bienfaisant qui vient faire ta besogne, tiens le voilà. « Et du doigt il désignait son vicaire qui, les yeux baissés, devenait affreusement rouge, pendant que son curé riait de bon cœur de son embarras. Quant à François il voua à l'abbé Peyramale, à partir de ce jour surtout, une affection qui ressemblait à de la vénération. »

Ce fut une vraie consternation à Vic-en-Bigorre quand on apprit que le jeune prêtre était nommé curé à Aubarède. Le poste était important et l'abbé Peyramale s'y dévoua de suite avec tout son zèle ardent, et l'on sut bientôt à Aubarède comme à Vic, quel cadeau la Providence venait de faire à la paroisse en lui donnant un tel pasteur. Parmi les traits charmants que M. Henri Lasserre raconte de sa charité, pendant le séjour qu'il y fit, je trouve ces deux anecdoctes.

« La paroisse était grande et les distances longues ; pour éviter trop de fatigue à son fils, le docteur Peyramale s'empressa de lui acheter un cheval, ce dont le jeune curé se montra fort reconnaissant mais, voici que fort peu de temps après un paroissien d'Aubarède vient trouver son pasteur et lui conter sa peine : il était poursuivi pour une dette, menacé en même temps de la ruine et de la prison ; la caisse de l'abbé Peyramale était vide, cependant, le chagrin de cet homme le navrait : « Tenez, mon pauvre ami, dit-il après un instant de réflexion, prenez cette bride » et du doigt il montrait celle de son cheval suspendue à la muraille. Le pauvre homme le regarda surpris trouvant que le curé choisissait mal son moment pour lui faire une plaisanterie. Je ne plaisante pas, reprit l'abbé Peyramale, qui devinait sa pensée, prenez cette bride allez la mettre à ce cheval qui est là dans ce pré, emmenez-le à Tarbes, vendez-le, et avec cet argent payez vos dettes.

— Mais Monsieur le curé, dit l'homme étonné, à qui est ce cheval ?

— A moi, dit le prêtre en souriant, je vous le donne, ne craignez rien.

Le pauvre paroissien se confondit en remerciements et en protestations de reconnaissance.

— Que pourrai-je jamais faire pour vous, Monsieur le curé, disait-il en se retirant ?

— « Ce que vous pouvez faire, mon ami, dit l'abbé Peyramale c'est de ne parler à qui que ce soit de ce qui vient se de passer entre nous ; si j'apprenais que vous l'avez dit je vous obligerais à me rendre la somme dussé-je vous envoyer un huissier. »

Quelque temps après le docteur Peyramale disait à son fils :

— Es-tu toujours content de ton cheval ?

— Toujours, répondit le curé, il fait admirablement la route de Tarbes.

— Mais je ne le vois ni dans l'écurie, ni dans le pré, objecta le docteur.

— C'est que, commença en balbutiant un peu le futur curé de Lourdes.

—Ah! dit le père, je vois bien que tu auras eu besoin d'argent, et que tu l'auras vendu, je ne suis pas prêt à te payer un autre cheval, va.

Le curé baissa la tête; quelque temps après un second cheval, puis un troisième, eurent le même sort que le premier. Il y avait tant de misères à soulager à Aubarède !

Le docteur Peyramale fort en colère, déclara à son fils que maintenant c'était fini, il irait à pied. « Tant mieux dit en souriant le bon curé, je crois que l'on va plus sûrement au ciel à pied qu'à cheval. »

Comme vous le pensez, mes chers enfants, ce bon abbé Peyramale était vénéré et sincèrement aimé de tous ses paroissiens. Mais en dépit de son zèle et de son autorité, il ne pouvait pourtant obtenir que le repos du Dimanche fut fidèlement observé dans sa paroisse et il s'en attristait beaucoup. Un après-midi de l'un de ces dimanches, il vit un des plus riches cultivateurs du pays en train d'atteler son cheval à une charrette chargée de gerbes à l'entrée d'un champ.

Le curé s'approcha :

— Hé ! que faites-vous, mon ami, demanda-t-il ?

Le cultivateur un peu embarrassé répondit cependant :

— Vous le voyez, Monsieur le curé, je rentre mon blé.

— Et vous venez de le charger, dit le prêtre tristement, oubliez-vous donc, mon pauvre ami, que c'est aujourd'hui dimanche ?

— Mais Monsieur le curé, quand il y a urgence, et avec votre permission.

— Il n'y a pas d'urgence, dit le prêtre en montrant le ciel bleu au-dessus de leur tête, quant à ma permission, non seulement je vous la donne, mais encore je vais travailler avec vous.

— Et sautant lestement sur la charrette, relevant les manches de sa soutane, il se mit, avec son ardeur ordinaire, à rejeter une à une les gerbes dans le champ et avec sa force herculéenne, sa vivacité, il allait vite à la besogne.

Le cultivateur le regarda quelques instants ébahi, il vénérait son curé dont il connaissait les grandes vertus et savait toute sa charité, aussi après un peu d'hésitation il le rejoignit sur la charrette. »

— Oh ! Monsieur le curé laissez-moi, je vous en prie, achever cette besogne; et bientôt toutes les gerbes dorées furent de retour dans le champ.

— Maintenant, dit le prêtre en souriant, tout en serrant la main du transgresseur de la loi divine, pour que le bon Dieu vous pardonne le temps si mal employé, portez une de ces belles gerbes à la pauvre Marie pour le pain de ses enfants.

— J'en porterai quatre, Monsieur le curé, et je vous jure que je ne travaillerai plus le dimanche.

Ce fut une explosion de douleur à Aubarède quand on apprit que Monseigneur Laurence venait de nommer l'abbé Peyramale aumônier de l'hôpital militaire de Tarbes ; là il fut adoré et chéri des soldats comme il l'avait été de ses paroissiens et tous pleurèrent son départ comme celui d'un père et d'un ami, quand il fut appelé au mois de décembre 1854, à la cure de Lourdes; il en prit possession le 9 janvier 1855, anniversaire de sa naissance et de son baptême.

La réputation que l'abbé Peyramale avait acquise partout où il avait passé l'avait certainement précédée à Lourdes. Cependant il n'inspira peut-être tout d'abord qu'une crainte respectueuse, il était d'une haute taille, d'une force herculéenne, il y avait de la rudesse dans ses traits comme dans sa voix, et malgré tous ses efforts, il ne pouvait pas toujours dominer un premier mouvement de vivacité qu'il regrettait ensuite. Il avait la passion du bien, mais aussi l'horreur du mal, et il la manifestait parfois par une brusque franchise aussi les beaux messieurs et les belles dames de Lourdes le trouvaient un peu sévère dans ses prônes le dimanche quand il leur rappelait que l'homme n'a point été créé pour jouir et s'amuser, les femmes pour chanter et danser, mais les uns et les autres pour sauver leurs âmes par la pénitence.

« Ses nouveaux paroissiens surent bientôt ce qu'étaient sa charité et son dévouement pour tous. M. Lasserre a raconté de l'une et de l'autre plusieurs traits char-

Et sautant lestement sur la charrette, Monsieur le Curé rejeta les gerbes dans le champ.

mants qui, j'en suis sûre, vous intéresseront encore.

C'était un jour de Mardi-gras, après une tournée dans sa paroisse, le bon curé rentrait chez lui, ayant fort bon appétit : « N'allons-nous pas déjeuner, dit-il à sa cuisinière, je meurs de faim. — Tout de suite, tout de suite, Monsieur le curé, tenez, regardez donc si Madame F... ne vous a pas fait un beau cadeau, voyez ce chapon, jamais vous n'en avez mangé un si beau, est-il gras, est-il rond ! il sera tendre, j'en réponds, c'est une belle volaille, et si vous avez faim, il y a de quoi manger dessus » et elle montrait la lèchefrite sur laquelle reposait dorée et appétissante en effet la superbe bête qu'elle venait de débrocher. — Magnifique, en effet, dit l'abbé Peyramale, jetant un coup d'œil sur l'animal fumant, servez-nous donc bien vite notre déjeuner. — La soupe est déjà sur la table, Monsieur le curé, vous pouvez commencer je cours à la fontaine. »

« Elle venait de s'éloigner, quand une pauvre femme apparut à la porte de la cuisine, elle était pâle et amaigrie, elle pleurait et raconta que son mari et elle venaient d'être très malades, que ses enfants mouraient de faim et qu'il n'y avait pas de pain à la maison. Le bon pasteur touché lui donna d'abord une pièce de monnaie pour acheter du pain, puis une bouteille de vin, qui se trouvait sur la table ; la femme s'en allait, le bénissant, quand le regard du prêtre tomba sur la lèchefrite : « Arrêtez, s'écria-t-il, la rappelant et saisissant le chapon odorant, il l'enveloppa à la hâte dans un journal et le donna à la pauvresse : « Sauvez-vous, sauvez-vous vite, et surtout ne passez pas du côté de la fontaine, vous ferez aujourd'hui, du moins, un bon déjeuner », et il revint joyeux s'asseoir devant le potage qui l'attendait. Il était temps, la ménagère rentrait à sa cuisine ; quelques minutes après il entendit ses cris de désespoir : « Eh ! mon chapon, on me l'a pris, on me l'a volé, où est mon chapon ? Ah ! mon Dieu, quel malheur ! »

« Elle cherchait sous les meubles, criant, s'agitant, pendant que le bon curé riait de tout son cœur. Tout à coup, rouge et le regard effaré, elle ouvrit brusquement la porte de la salle à manger : « Le chapon est perdu, s'écria-t-elle, on me l'a pris, c'est un peu fort, ah ! c'est ce gredin de chat ! » et avisant un gros chat gris qui traversait la cour l'air satisfait : « Ah ! tu me le paieras, voleur », et s'armant de son balai elle se précipita sur le pauvre animal ; mais le curé courut et lui saisissant le bras : « Arrêtez, dit-il, ne frappez pas cet innocent, c'est moi qui ai pris le chapon. — Mon Dieu, mon Dieu, dit la cuisinière, vous n'en faites jamais d'autre, pour un jour de carnaval, vous ferez un bon déjeuner ; maintenant, allez manger votre fromage. »

« Le curé ne se fit pas prier, jamais il ne s'était senti le cœur si heureux et jamais son fromage ne lui avait paru si délicieux. La cuisinière ne se gênait pas comme toutes les servantes de curé, mes chers enfants, pour gronder son maître et ses excès de charité la mettaient souvent en colère; ainsi fut-il le jour où l'abbé Peyramale donna un gilet de flanelle tout neuf à un pauvre malade. « N'eussiez-vous pas pu donner un de vos vieux?

dit la servante de fort mauvaise humeur. — Ah ! répondit en souriant le bon curé, ce pauvre est bien assez riche en guenilles ce n'était pas la peine de lui en donner une autre. »

« Il arriva une fois que le maître et la domestique se fâchèrent pour de bon. Lassé de la générosité du pasteur et de voir le curé assailli par les mendiants, cette dernière se permit, dans un mouvement de colère, d'en chasser un jour quelques-uns et de leur défendre l'entrée du presbytère. L'abbé Peyramale ne put supporter cela. « C'est vous que je chasse, dit-il vivement, sortez de chez moi à l'instant, je n'entends pas que l'on se permette de fermer ma porte aux malheureux. » Il fallut obéir et ce ne fut qu'après huit jours, et bien des supplications, que la pauvre femme pût rentrer au service du maître qu'elle vénérait. Ce qui la désespérait, c'était de voir s'en aller, chemises, souliers, bas, et de ne lui voir porter que des soutanes rapiécées, des chapeaux bosselés, des souliers éculés. Ce n'était cependant pas que sa garde-robe qui s'en allait.

« Par une nuit sombre, deux hommes sortant de je ne sais où, virent tout-à-coup déboucher d'une rue devant eux un individu portant un énorme paquet et courant à toutes jambes. Au voleur ! crièrent ces deux hommes et ils se mirent à sa poursuite, mais le voleur courait plus vite qu'eux et ils ne pouvaient l'atteindre ; faisant alors mine de l'abandonner, ils prirent un chemin détourné et se trouvèrent en face de lui à l'autre coin de la rue. « Ah ! nous te tenons enfin, coquin » s'écrièrent-ils, se précipitant sur le voleur et lui arrachant son monstrueux paquet. Mais quelle ne fut pas leur suprise et leur confusion, quand ils reconnurent que ce voleur n'était autre que M. le curé de Lourdes transportant en cachette, un matelas enlevé sans doute à son propre lit, chez un pauvre malade qu'il avait trouvé le soir couché sur des planches. Le curé leur défendit de raconter cette aventure, mais dans leur admiration ils ne purent en garder le secret. »

Si ce bon curé de Lourdes avait autant de compassion pour les misères du corps, mes chers enfants, il en avait encore bien plus pour celles de l'âme, et son cœur d'apôtre, tout rempli d'amour de Dieu, ne connaissait pas plus de bornes à son zèle que de limites à sa charité. Il était bien le bon pasteur qui eût donné volontiers sa vie pour son troupeau, pour le salut même d'une seule de ses brebis.

« Il y avait à Lourdes un homme d'une grande impiété, il détestait surtout les prêtres, et quand on lui parlait de l'admirable charité de l'abbé Peyramale, il était peut-être le seul qui s'en moquât, et n'y voulut pas croire. Mais un jour qu'il conduisait dans un chemin bourbeux une charrette chargée de lourdes barriques, les roues de cette charrette s'étant enfoncées dans le sol détrempé, le cheval, après d'inutiles efforts pour les en faire sortir s'affaissa et charrette et barriques se renversèrent sur le malheureux conducteur qui se trouva pressé contre le mur. La Providence permit que le curé de Lourdes vint à passer par ce chemin-là. Il vit de loin

Monsieur le curé transportant un matelas
chez un pauvre malade.

l'accident, hâta le pas et, sans calculer le danger, se glissa sous le lourd véhicule et, par un effort suprême de volonté, souleva de ses larges épaules, cette masse énorme, ce qui permit au conducteur d'échapper à la mort la plus certaine. Le lendemain ce dernier se rendit au presbytère les yeux pleins de larmes : « Monsieur le curé, dit-il, j'ai beaucoup péché contre Dieu et contre vous, c'est fini, je viens me confesser, je veux maintenant vivre en chrétien. » La joie du saint prêtre fut grande mais il souffrit bien plusieurs mois du dos et des reins, sans s'en plaindre jamais.

« Vous comprenez maintenant pourquoi les libres-penseurs de Lourdes saluaient, même avec respect, l'abbé Peyramale. » Nous n'aimons pas les curés, disaient-ils mais celui-là, c'est le frère des pauvres, l'ami des malheureux, il faut bien lui pardonner sa soutane. » On lui pardonnait aussi sa vivacité naturelle, et grands et petits, ouvriers et négociants, riches ou pauvres l'aimaient et le vénéraient. »

Voilà le prêtre auquel la Reine du Ciel devait bientôt envoyer, par Bernadette, ses ordres, et dont elle devait faire l'exécuteur de ses volontés sur la terre.

Il avait bien entendu, le bon curé, tous les bruits qui circulaient sur la belle Dame que voyait à la Grotte la petite Soubirous, et que beaucoup pensaient être la sainte Vierge, mais il avait fait semblant de ne rien entendre, ne voulant point encore dire son avis sur ces faits. Il n'était point étonné que la sainte Vierge puisse descendre sur la terre, avec la toute-puissance que le bon Dieu lui donne, et n'était pas surpris non plus qu'elle apparaisse de préférence à cette pauvre petite bergère si ignorante; il savait bien, que comme son divin Fils, elle n'aime que les petits et les humbles.

Mais qu'elle vienne tous les jours causer ainsi avec elle, cela ne s'était jamais vu encore et avan de le croire il voulait l'examiner.

CHAPITRE VII

SIXIÈME APPARITION. — TRISTESSE DE LA SAINTE VIERGE

Le 2 février, premier dimanche de Carême, Bernadette, fidèle à sa promesse, descendit à la grotte après la grand'messe. Sa famille ne l'y laissait plus aller seule, son père, sa mère ou sa sœur l'y accompagnaient tous les jours. Ses parents qui avaient vu le visage de leur enfant transfiguré pendant l'Apparition croyaient bien fermement maintenant que la Mère de Dieu ou quelque grande sainte lui apparaissait. Plus d'un millier de personnes s'étaient réunies ce jour-là aux Roches Massabielle et vous pensez bien, mes enfants, que cette foule ne gardait pas le silence et l'on entendait comme un brouhaha de voix semblable à celui que vous avez remarqué sur une place publique les jours de foire; mais dès que l'enfant privilégiée apparut, la foule se tut et s'écarta pour lui laisser un passage, ce dont elle ne sembla point s'apercevoir. Elle se dirigea d'un pas ferme, le visage calme vers sa place accoutumée et s'agenouilla. A peine s'était-elle signée avec la croix de son chapelet qu'une légère rougeur monta à ses joues, son front devint rayonnant et comme éclairé par une lumière invisible ; ses yeux se fixèrent avec ravissement sur la niche de pierre, sa bouche s'entr'ouvrit comme si elle allait parler, et jeter un cri d'admiration et de surprise ; ses mains se joignirent et tout son corps demeura immobile. Une grande émotion se produisit dans la foule qui ne parlait qu'à demi voix pourtant comme si elle eût peur de distraire la petite fille dans son extase : « Bien sûr, disaient les uns, c'est la Vierge qui lui apparait. — Voyez, disaient les autres, ce n'est plus le même visage d'enfant, on dirait celui d'un ange ; et d'autres encore : c'est comme lorsque le soleil se lève derrière la montagne de Guère, nous ne le voyons pas, nous autres, et le village nous apparaît éclairé de ses rayons. Eh bien ! là nous ne voyons pas la lumière que voit cette enfant au cœur plus pur que les nôtres et son visage nous semble pourtant comme éclairé ». Bernadette ne s'occupait guère de ce que disait la foule, mais elle avait conscience de ce qui se passait près d'elle, car le cierge bénit qu'Antoinette et Mme Millet ne manquaient jamais d'apporter et de placer entre ses mains étant venu à s'éteindre par un coup de vent elle étendit le bras, sans détourner la tête, vers la personne qui se trouvait le plus près d'elle, faisant comprendre ainsi qu'elle voulait qu'on le rallumât. Peu après un monsieur qui avait une baguette de bois à la main en ayant frappé un petit coup sur l'églantier elle tressaillit : « C'est, dit-elle ensuite que j'ai eu bien peur qu'on touchât à la Dame et qu'on lui fît du mal. » Elle approchait de la fin de son chapelet quand l'Apparition se déplaça; Bernadette s'avança vers l'intérieur de la Grotte et la revit au bord de l'excavation, la Vierge promena alors son beau regard autour d'elle puis le rabaissant sur la petite bergère agenouillée à ses pieds, elle la regarda avec une expression de grande tristesse.

« Qu'avez-vous Madame, et que faut-il faire? demanda Bernadette dont le visage exprimait maintenant l'angoisse et la douleur. « Priez pour les pécheurs » répondit l'Apparition qui, relevant aussitôt les yeux vers le ciel, redevint souriante, et l'air heureux et content elle disparut. Sans doute, mes enfants, la sainte Vierge en regardant ainsi toute la terre, avait vu combien les hommes étaient méchants et offensaient son divin Fils ; non seulement elle apercevait les grosses fautes des grands pécheurs, mais celles de beaucoup de personnes et même de petits enfants qui n'aimaient pas ce doux Jésus qui est né et mort pour eux, et écoutaient plus souvent leurs mauvais anges qui les engagent à lui désobéir pour les entraîner avec eux dans le mal, et ensuite dans l'enfer, que ce bon ange qui leur dit d'être pieux, sages, obéissant parce qu'il veut les conduire au ciel.

Vous le voyez, la sainte Vierge, a dit à Bernadette : « Priez pour les pécheurs, » parce que comme Jésus aussi elle les aime tant ces pauvres pécheurs, elle voudrait tant les sauver. Vous l'avez vue reprendre son sourire en regardant le ciel où lui apparaissait ce doux Sauveur dans sa gloire entouré de tant de légions d'anges et de saints qui, eux aussi, avaient tout sacrifié quand ils étaient sur la terre pour gagner ce beau ciel. Quand l'Apparition disparut, Bernadette reprit le chemin de la ville. Parmi ceux qui se trouvaient à la grotte ce jour-là, on remarquait M. le Dr Dozous dont la science et le talent étaient fort connus. Il avait voulu lui aussi examiner de près cette enfant extraordinaire dont on parlait tant, et quand elle était arrivée si modeste et si calme, quand il avait vu son visage s'éclairer de cette joie subite et rayonner de cette paix toute céleste, il s'était dit que ce n'était point là une enfant qui avait les nerfs ou le cerveau malade ou qui puisse la faire croire folle ou en train de le devenir. Il s'était approché, lui avait tâté le pouls; il était des plus calmes, elle n'avait pas la moindre fièvre, la moindre agitation. « Cette petite fille voit certainement quelque chose d'extraordinaire qui ne peut être l'effet que d'une puissance surnaturelle, le changement de son visage ne tient pas à la maladie mais au miracle. »

Et la foule retournait à Lourdes à la suite de l'humble enfant tout émue, tout émerveillée ; déjà un grand nombre de personnes ne doutaient plus.

A la sortie des vêpres, Bernadette fut entourée, pressée de questions, environnée presque déjà de respect. La pauvre petite bergère de Bartrès si peu habituée à ce qu'on s'occupât ainsi d'elle, et dont la plus grande partie des journées s'était écoulée dans les prairies ou les chemins solitaires, entourée seulement de ses moutons ou de quelques enfants de son âge, n'avait qu'un désir, échapper à cette foule curieuse et rentrer bien vite dans la maison de la rue des Petits-Fossés, au milieu de la famille qu'elle chérissait si tendrement; mais, au moment où elle parvenait à se dégager du dernier groupe qui l'avait arrêtée, une main de fer se posa sur son épaule et elle entendit ces mots dits d'un ton bourru et autoritaire : « Au nom de la loi! » l'enfant se retourna vivement : « Que me voulez-vous dit-elle ? — Que tu me suives, et tout de suite, dit le sergent de ville qui venait de l'arrêter. — Vous suivre ? dit la petite fille avec surprise ? — Chez le commisaire de police, dit-il, allons ! »

Un murmure d'indignation éclata dans la foule et bientôt des cris, des menaces, partant de tous les points de la place se firent entendre contre le sergent de ville. On allait peut-être lui faire un mauvais parti, quand un prêtre survint, qui, craignant un désordre grave, engagea la foule à laisser l'enfant obéir à l'autorité. Bernadette suivit donc celui qui, sur un ordre de son chef, venait de l'arrêter. La demeure du commissaire n'était pas loin, le sergent de ville en ouvrit la porte et quand la pauvre Bernadette étonnée eut pénétré dans le corridor, il la referma soigneusement au verrou derrière elle. Mais la foule l'avait suivie et se groupa en murmurant devant la maison du commissaire.

CHAPITRE VIII

MONSIEUR JACOMET

Monsieur Jacomet, commissaire de police à Lourdes, était, mes chers enfants, un des personnages les plus importants de cette petite ville. Il s'y occupait de beaucoup de choses, même, il faut bien le dire, de beaucoup de choses qui ne le regardaient pas du tout. C'était un homme jeune encore, intelligent ou plutôt très rusé, très adroit, assez faux, et affichant hautement n'avoir aucune conviction religieuse. Il n'avait qu'une idée fixe : chercher partout le crime, le trouver, s'en convaincre ; dépister les complots les plus ténébreux, était un jeu pour lui ; à force de rechercher le mal il le voyait partout, il ne croyait plus au bien, il n'y avait pas une personne sur terre qui ne fut capable de vols, de mensonges ou d'autres forfaits, et l'on assurait que s'il se trouvait en présence d'un saint canonisé depuis longtemps, il finirait bien par découvrir, dans sa vie, quelque fait capable de le conduire en police correctionnelle ou en cour d'assises M. Jacomet inspirait aux habitants de Lourdes plus de terreur que de sympathie; on le saluait jusqu'à terre parce qu'on le craignait, mais on ne l'aimait guère, et quand les petits enfants l'apercevaient venir de loin, au lieu de courir au devant de lui, comme ils le faisaient pour l'abbé Peyramale, leur bon curé, ils prenaient leurs jambes à leur cou et se sauvaient le plus vite qu'ils le pouvaient. Il criait souvent après eux sans savoir pourquoi : « Petits vauriens, mauvais drôles », car pour M. Jacomet il ne croyait pas plus à l'innocence chez les enfants que chez les parents. Bernadette n'avait pas encore eu l'occasion d'entendre beaucoup parler de lui, elle entra donc sans inquiétude mais avec sa timidité ordinaire dans le bureau du commissaire de police, qui, la dévisageant de ses yeux gris un peu fauve, lui montra un siège avec bonté et prit une voix douce et câline absolument comme le loup qui s'était couvert de la peau d'une brebis pour mieux manger les agneaux.

— Eh ! bien, ma bonne petite, dit-il, il paraît que tu vois de bien belles choses à la Roche Massabielle, on m'a parlé d'une belle Dame qui t'apparaissait, conte-moi cela un peu.

Bernadette ne demandait pas mieux et élevant vers le commissaire son beau regard, elle commença le simple récit de ses visites à la Grotte, sans faire de phrases, sans changer un mot de ce qu'elle avait déjà raconté tant de fois. Un sourire malin errait sur les lèvres minces du commissaire qui, d'abord sembla l'écouter avec beaucoup d'intérêt, mais qui bientôt l'interrompit pour lui faire quelques questions, arrêtant sans cesse son récit, ne lui laissant pas le temps de réfléchir à ses réponses, à peine celui de terminer ses phrases, cherchant à l'embrouiller, à l'embarrasser sans que jamais la petite fille parut troublée le moins du monde ni intimidée, toujours sans varier dans ses

Bernadette chez le commissaire de police.

réponses et conservant un accent de vérité et de sincérité auquel il était impossible de se méprendre.

« Quelle comédienne! disait à part lui le commissaire, tout en prenant des notes sur un papier placé près de lui sur un bureau, ce que remarquait Bernadette sans s'en inquiéter, il est impossible de voir une enfant plus fourbe, plus rouée, je ne me serais jamais attendu à une pareille ténacité de volonté et à tant de ruse. » Et l'impatience commençait à agiter le commissaire. Au moment où Bernadette s'était assise en face de l'homme de la police une porte s'était doucement ouverte derrière elle et un nouveau personnage avait pénétré dans le bureau, M. Jacomet lui avait souri d'un air qui voulait dire : « Venez, vous allez voir comment je vais la prendre dans mes filets. » Ce personnage était M. Estrade, receveur des contributions indirectes à Lourdes, ami de Jacomet, habitant la même maison que lui et ne croyant pas plus que le commissaire ni à Dieu ni au diable; mais pendant que celui-ci persistait à croire la pauvre bergère une fieffée coquine, comme il le disait, M. Estrade, de meilleure foi sans doute, pensait : « Cette enfant n'est pourtant pas une comédienne, elle a l'air si simple et si vrai; non certainement ce n'est pas une menteuse, il y a tant de calme et de simplicité dans ses paroles, tant de candeur; tout simplement, elle croit voir des choses qui n'existent pas, c'est une hallucinée, ce qui veut dire une petite fille qui rêve tout éveillée. »

Vous le voyez les deux amis commençaient déjà à

n'être plus du même avis, mais le loup se fatiguait de son rôle de brebis et donnant tout à coup un formidable coup de poing sur la table : « Tu mens, s'écria-t-il d'une voix à faire vibrer les vitres, et qui fit tressaillir l'enfant qui jusqu'ici avait eu confiance dans la bonté de Jacomet et crut le voir se tranformer subitement en serpent, tu es une misérable, une rouée ! Crois-tu que je vais croire, comme tous ces imbéciles à tes contes bleus, que je serai la dupe de tes mensonges; prends garde, si tu persistes dans ces récits absurdes, je te ferai prendre par les gendarmes » et il se leva comme s'il n'avait eu qu'à ouvrir la porte pour les appeler. Bernadette avait repris sa tranquillité.

— Vous pouvez me faire prendre par les gendarmes, si vous voulez, dit-elle, ce que je vous ai raconté est la vérité et je ne peux pas dire autre chose que ce que j'ai vu.

— C'est ce que nous allons voir, dit le commissaire furieux, et voulant essayer d'un nouveau moyen pour prendre l'enfant en mensonge ; il se mit à écrire un rapport sur tout ce qu'elle venait de lui dire, ayant soin de changer quelques détails, soit sur la forme ou la couleur du vêtement de la Dame, soit sur sa pose, ses gestes ou ses paroles, et, quand il eût fini, il se retourna vers la petite fille et avec un regard foudroyant : « Écoute, dit-il, voilà ce que tu viens de me dire, n'est-ce pas ? » et il lut, mais chaque fois qu'il arrivait à un passage arrangé par lui, Bernadette l'arrêtait avec calme, mais fermeté : « Je n'ai pas dit cela, c'est comme cela que j'ai dit » faisant quelque geste de la main pour mieux lui faire comprendre ou bien : « Non, ce n'est pas comme cela que la Dame m'a dit. »

— Si, tu viens de me le dire à l'instant, menteuse, tu as dit ainsi à plusieurs personnes qui me l'ont répété, « Non, je vous ai dit comme cela, et il fallait toujours en arriver à rectifier ce que le rusé commissaire avait espéré que l'enfant ne remarquerait pas. — Prends garde, dit tout à coup Jacomet hors de lui, si tu ne me promets pas de ne pas retourner à cette Grotte, je te fais mettre en prison de suite.

Mais il y avait plus d'une heure que la foule attendait en murmurant et le bruit commençait à augmenter. Tout à coup, on poussa des exclamations de joie comme si l'on voyait arriver un personnage depuis longtemps attendu. C'était le meunier Soubirous ; il traversa vivement la foule, il frappa de grands coups de poing sur la porte ; Jacomet ne se dérangeait pas, mais l'entendant secouer si violemment il l'entr'ouvrit et dit avec colère :

— On n'entre pas !

— Je veux ma fille, dit le meunier, le repoussant et pénétrant à sa suite dans le corridor.

Quand il entra dans le bureau, il fut rassuré par le calme de Bernadette, puis rencontrant le regard courroucé du commisaire, il eut peur de ce qu'il venait de faire et enleva respectueusement son béret de laine. François Soubirous était un parfait honnête homme, mais il n'était pas d'une bravoure à toute épreuve, comme tous les gens du peuple, et surtout les pauvres, il devenait bien vite craintif devant les hommes qui représentaient pour lui le pouvoir ou la police. C'était un personnage si important à Lourdes que M. Jacomet, il avait su se mettre si bien avec M. le maire, M. le président, et même avec M. le préfet de Tarbes. Le rusé commissaire qui observait le meunier de l'œil, vit avec joie qu'il avait peur :

« Eh ! père Soubirous, dit-il, en lui frappant amicalement sur l'épaule, savez-vous que votre fille s'engage là dans une vilaine affaire qui pourrait vous causer bien du désagrément, si elle ne veut pas me promettre de ne plus retourner à cette grotte, je puis la faire prendre par les gendarmes et la faire mettre en prison.

— Elle n'y retournera pas, Monsieur le commissaire, dit le père Soubirous effrayé, je vous le promets moi, car je le lui défendrai et sa mère aussi et, comme la petite ne nous a jamais désobéi, je suis sûr qu'elle n'y retournera pas.

— Prenez garde, prenez garde, prenez garde, dit M. Jacomet, d'une voix qui devenait plus menaçante, car si elle y retournait maintenant, c'est à vous et à votre femme que je m'en prendrais et vous pourriez bien aller tous les trois à l'ombre de compagnie. J'y veillerai.

Quand le meunier Soubirous et sa fille reparurent à la porte du commissaire, il y eut dans la foule une explosion de joie. M. Jacomet et M. Estrade, quand ils se trouvèrent seuls, se communiquèrent leurs impressions :

— Quelle habile comédienne ! dit le premier.

— Quelle fermeté de volonté, et quelle sincérité ! dit l'autre.

Bernadette revint le cœur gros et rempli de tristesse à la rue des Petits-Fossés. Le père et la mère Soubirous croyaient fermement que leur fille ne mentait pas, mais ils avaient comme une frayeur des choses extraordinaires qui lui arrivaient, et devant les menaces du commissaire, ils se hâtèrent de lui défendre de retourner aux Roches.

— Je l'ai promis à la Dame, dit l'enfant les yeux pleins de larmes, puis quand l'heure d'y aller arrive, je ne peux pas m'en empêcher, il y a quelque chose qui m'y pousse.

— Tu n'iras pas, dirent ensemble le père et la mère Soubirous tu vois bien que tu nous attirerais du désagrément.

— Je tâcherai, dit l'enfant avec soumission et tristesse.

La pauvre petite bergère n'avait jamais souffert que dans son corps, vu son extrême faiblesse, mais aujourd'hui elle souffrait dans son cœur. Ne pas pouvoir tenir la promesse faite à la Dame, ne plus revoir cette merveilleuse beauté qui la ravissait ; ce regard si rempli de bonté et de tendresse quand il s'attachait sur elle ; lui faire peut-être de la peine en lui désobéissant. La petite fille souffrait cruellement de ses pensées et ses larmes coulaient sans cesse malgré elle. Sa mère s'empressa de l'envoyer le lendemain de bonne heure au catéchisme et à l'école, pensant la distraire ainsi ; mais aucune des religieuses n'avait vu Bernadette pendant les apparitions,

M. le curé leur ayant défendu comme à son vicaire de descendre à la grotte pour voir ce qui s'y passait, aussi n'y croyaient-elles pas du tout, et l'une d'elles, la voyant arriver les yeux rougis par les larmes, lui dit :

— Comment, c'est le saint temps de Carême, que tu choisis pour faire ainsi des farces de carnaval, méchante enfant ?

Plusieurs personnes qui se trouvaient dans la cour blâmèrent hautement la petite fille d'inventer de pareilles choses, ce qui semblait être se moquer de la religion. Enfin la supérieure et toutes les sœurs s'unirent à ses parents pour lui défendre d'aller aux Roches ; quant à ses compagnes, elles riaient d'elle et de son air malheureux. Vous serez sans doute étonnés, mes chers enfants, de voir des religieuses agir ainsi envers Bernadette, mais, pensez bien qu'elles la connaissaient à peine et qu'il leur était arrivé de rencontrer bien des fois, des petites filles capables de mensonge et qui inventaient à leur profit quelque histoire ; puis elles lui croyaient le cerveau un peu dérangé, et celle que racontait la petite Soubirous devait leur paraître bien invraisemblable ; elles étaient bien loin de ressembler aux libres-penseurs de Lourdes qui ne croyaient point à l'existence du bon Dieu, encore moins peut-être à celle de la sainte Vierge et voulaient paraître convaincus qu'il n'y a ni ciel, ni enfer; bien loin encore étaient les bonnes religieuses de ne pas croire comme les impies à la puissance et à la bonté de la Mère de Dieu, dont elles savaient bien l'amour pour tous les hommes, même pour les pécheurs, et sa prédilection pour les cœurs purs et simples, comme le sont ordinairement ceux des enfants. Mais avant de croire aux faveurs dont la Reine du Ciel pouvait honorer leur petite écolière, elles voulaient que M. le curé d'abord et l'évêque de Tarbes leur disent : « C'est vraiment la sainte Vierge que voit cette enfant, vous pouvez le croire. »

Les heures de la classe parurent bien longues à la pauvre Bernadette dont tout le cœur était rempli d'une seule pensée, celle de la défense de ses parents ; enfin l'heure du déjeuner sonna et les écolières furent mises en liberté ; une fois dans la rue, Bernadette se trouva dans une cruelle angoisse : si elle allait à la Grotte, elle allait désobéir à ses parents et offenser le bon Dieu ; si elle manquait à la promesse faite à la Dame, elle la peinait peut-être ainsi que le bon Dieu dont elle devait être l'amie. Mais elle n'avait jamais désobéi et elle se décida à prendre le chemin de la maison paternelle.

Ah ! mes enfants que de petites filles et de petits garçons, que vous connaissez comme moi, n'eussent pas été aussi longtemps en peine que cette bonne petite Bernadette, et qui ne se font point de scrupules de désobéir à une défense de leurs parents pour courir à un plaisir, quelquefois même à une faute. Vous allez voir comment la sainte Vierge fit connaître sa volonté à Bernadette en récompense de son obéissance.

Elle allait prendre la rue qui conduisait à celle des Petits-Fossés quand elle se sentit tout à coup comme soulevée de terre et emportée, malgré elle sur le chemin de la Grotte, comme une feuille ou une fleur détachée de sa tige ; elle marchait son pas ordinaire et il lui semblait pourtant qu'elle courait comme poussée par cette force invisible. Mais, voilà qu'arrivée à la moitié du chemin, à l'endroit où d'ordinaire elle se sentait entraînée par cette force même, elle éprouva comme une lassitude et une fatigue extrêmes, puis elle ne sentait pas dans son âme cette joie qu'elle éprouvait ordinairement en approchant de la Grotte, pas plus que le désir ardent d'y arriver, mais au contraire, comme une vague tristesse et une sorte d'inquiétude. La sainte Vierge avait voulu montrer à la petite fille qu'elle désirait qu'elle revînt à la Grotte, en l'y entraînant comme malgré elle, et maintenant elle voulait éprouver sa foi et sa fidélité qu'elle allait mettre à une rude épreuve.

L'heure habituelle de la venue de la petite Soubirous aux Roches Massabielle était écoulée depuis longtemps, pourtant il s'y trouvait encore beaucoup de monde qui l'y attendait toujours. Bernadette vint s'agenouiller à sa place accoutumée ; elle se mit à prier, mais en vain ses yeux demeurèrent fixés sur la niche de pierre garnie de mousse sèche et autour de laquelle couraient les branches d'églantier, elle demeura sombre et vide.

« Oh ! Madame, disait l'enfant dans son naïf langage, m'avez-vous donc abandonnée aussi ? Pourquoi ne voulez-pas venir aujourd'hui ? Je voudrais tant vous voir. J'ai eu tant de peine. Mais la Dame ne vint pas, et après une longue attente la pauvre enfant, les yeux pleins de larmes, et le cœur bien gros reprit la route de Lourdes. Tous ceux qui étaient là avaient bien remarqué que son visage n'avait pas changé, ce jour-là, qu'il était resté ce qu'on le voyait toujours et que même une expression de tristesse avait voilé son regard. Alors, on l'entoura et la questionna.

— Je n'ai rien vu, dit la petite fille, avec chagrin, la Dame n'est point venue.

— Tu vois bien, ma pauvre enfant, dirent alors les uns que tu t'es trompée, que les autres jours tu croyais voir et que tu ne voyais rien du tout, que tu rêvais tout éveillée.

— Ah, ah ! disaient les autres, la Dame a eu peur de M. Jacomet, et monsieur le commissaire a pris le bon moyen pour faire cesser toute cette comédie, elle est bien finie maintenant.

Bernadette ne fit attention ni au rire des uns, ni aux réflexions des autres, et rentra silencieuse et triste chez ses parents.

— Tu as été à la grotte, dit sa mère, en la voyant arriver, nous te l'avions défendu.

— Je ne voulais pas vous désobéir dit doucement la petite fille mais, je n'ai pu m'en empêcher et en sortant de l'école j'ai été comme soulevée et poussée vers les Roches si fort que je n'ai pu résister ; et elle raconta ensuite sa déception, qu'elle n'avait pas vu la Dame ; de grosses larmes coulaient sur ses joues et il y avait un tel accent de vérité dans ses paroles que ses parents ne doutèrent point de ce qu'elle leur racontait.

« La Dame n'est pas contente de nous dit la mère Soubirous à son mari, c'est peut-être pourquoi elle ne s'est pas montrée aujourd'hui à notre fille. »

François Soubirous, je vous l'ai dit, était un excellent homme; il demeura quelques instants comme dans une grande inquiétude et un grand embarras; d'un côté il craignait M. Jacomet et ses menaces, d'un autre côté, si la Dame était une sainte ou même la sainte Vierge, elle serait mécontente de lui, et s'armant tout à coup comme d'un grand courage.

« Tu peux aller à la grotte tant que tu voudras, dit-il, je ne te le défendrai plus. »

La joie éclaira le visage de Bernadette car dans son chagrin elle avait gardé au fond de son âme l'espoir que la Dame ne l'avait point abandonnée et qu'elle la reverrait.

CHAPITRE IX

SEPTIÈME APPARITION

Dans la journée du lundi le bruit s'était répandu rapidement à Lourdes que la Dame n'était point apparue à Bernadette ce jour-là ! beaucoup de gens en riaient vous le pensez bien, mes chers enfants, et disaient : « Voilà la preuve que cette petite Soubirous racontait des contes à dormir debout; les menaces du commissaire lui auront fait peur, elle n'avait certainement jamais rien vu ». Et les savants disaient : « Quel pauvre cerveau détraqué, c'est une folle que cette petite ». Mais il y en avait beaucoup au contraire qui n'en croyaient que davantage à la vérité des apparitions et qui disaient : « Pourquoi, si c'était une menteuse, ne nous aurait-elle pas trompés aujourd'hui comme hier? c'est qu'aujourd'hui elle n'a rien vu, et que les autres jours elle voyait quelque chose. »

Quant à M. Jacomet, lorsqu'il apprit que malgré sa défense, la petite bergère était allée à la Grotte, et que son père même lui permettait maintenant de s'y rendre autant qu'il lui plairait, il devint complètement furieux et fit le soir même appeler chez lui François Soubirous, sa femme et sa fille; cette fois, il ne prit pas son ton doucereux je vous assure. « Ah! c'est comme cela, disait-il au pauvre meunier en le regardant d'un air menaçant, c'est comme cela que tu tiens compte de mes défenses et de tes promesses. J'ai appris que ta fille était retournée à la Grotte. Prends garde à toi!... »

Le meunier répondit poliment, mais Jacomet comprit de suite à son ton résolu, que cette fois il ne le ferait pas changer d'avis.

« Mais Monsieur le commissaire, dit-il si c'est le bon Dieu, la sainte Vierge, ou quelque saint qui apparaissent à ma fille, je ne peux pourtant pas les mécontenter, le bon Dieu me punirait; si vous étiez à ma place vous feriez comme moi. »

Je ne sais pas trop, mes enfants, si M. Jacomet eût

bien fait comme le père Soubirous, enfin il haussa les épaules d'un air qui voulait dire : Pauvre imbécile ! Puis, il se retourna vers l'enfant : « Pourquoi es-tu retournée à la Grotte ? dit-il brusquement, je te l'avais défendu, petite comédienne !

— J'ai fait ce que j'ai pu pour ne pas y aller, dit Bernadette, mais je n'ai pu m'en empêcher ; et elle raconta simplement, toujours dans son patois du pays, ce qu'elle avait ressenti quand une force invisible l'avait emportée sur le chemin des Roches.

— Misérable, s'écria Jacomet furieux, ce n'est pas à moi que tu feras croire de pareilles choses, et c'est ainsi que tu entraînes toute cette foule à te suivre en faisant croire que c'est la sainte Vierge qui t'apparaît.

— Mais, Monsieur, fit la petite fille, toujours aussi calme malgré sa timidité, ce n'est pas moi qui leur dis de venir, je m'en vais toujours, toujours toute seule, pour y prier, et s'il y en a qui y vont avant moi ou qui m'y suivent, ce n'est pas ma faute ; ce n'est pas moi qui ai dit que c'était la sainte Vierge qui me parlait ; la Dame ne m'a pas dit son nom et je ne la connais pas.

M. Jacomet, voyant qu'il ne pouvait rien tirer des parents, ni de l'enfant, et sachant qu'il n'avait pas le droit de rien faire de plus, dit seulement encore à Bernadette.

— Mais puisque tu ne vois plus la Dame pourquoi **veux tu y retourner ?**

— Parce que je lui ai promis, dit avec fermeté la petite fille.

Le commissaire renouvela ses menaces et les renvoya.

Il ne se sentait plus la force de mener seul la lutte qu'il avait engagée : « Quelle stupide affaire ! » dit-il, et il se rendit chez le procureur impérial.

Le procureur n'était point un homme dévot, il traitait tout cela de superstition et il eut beau feuilleter ses gros livres de lois, il n'en trouva point qui lui donnassent le droit de faire arrêter la pauvre Bernadette ; d'abord comme elle l'avait dit, ce n'était pas elle qui entraînait tout ce monde à la suivre, l'endroit où elle allait prier était un terrain communal, c'est-à-dire à tout le monde et on ne pouvait empêcher la petite Soubirous d'y aller réciter son chapelet ; de plus, la Dame qui lui apparaissait, à ce qu'elle prétendait du moins, ne disait rien qui puisse faire tort ni à l'Empereur, ni à M. le Maire, ni au gouvernement, et les Soubirous ne recevaient aucun argent et ne faisaient point profit de tout cela ; donc le commissaire et le procureur ne purent trouver un moyen, pour le moment du moins, d'empêcher Bernadette d'aller à la Grotte. Dès le lendemain matin mardi, elle y descendait de bonne heure ; une foule immense l'y attendait ; la Dame reparaîtrait-elle ? tout le monde voulait le savoir. Tout ce que l'enfant avait souffert pendant ces deux jours avait laissé son visage plus pâle et plus fatigué encore que de coutume, il y avait même un peu de tristesse dans son regard, mais à peine s'était-elle agenouillée et avait-elle eu le temps de fixer les yeux sur la niche vide que son front s'illumina comme d'une auréole, son pâle visage s'éclaira d'une expression de joie que rien ne pouvait rendre ; elle demeura ainsi dans l'extase du bonheur tenant entre ses mains le cierge bénit dont la flamme montait vers le ciel, avec la prière du cœur si pur de la petite bergère. La rayonnante Beauté venait de lui apparaître, et la Vierge, voulant récompenser ce que la petite fille avait souffert pour elle, et à cause d'elle, la regardait avec une tendresse plus profonde et plus douce encore que les autres jours.

Vous voyez, mes enfants, combien est bonne Marie, combien elle sait récompenser les petits sacrifices que l'on fait pour son amour, et la fidélité qu'on met à la servir. Elle savait bien que Bernadette souffrirait encore, et voulant lui donner une preuve plus grande de sa tendresse maternelle et de la confiance qu'elle avait en elle, elle dit de cette voix douce qui ravit les saints et les anges dans le ciel, et comme se penchant vers l'enfant qu'elle allait faire maintenant sa confidente et son ambassadrice :

— J'ai à vous dire pour vous seule, et ne regardant que vous seule, une chose secrète, me promettez-vous de ne jamais la répéter ?

— Je vous le promets, dit Bernadette. Et alors commença, mes enfants, entre l'humble petite bergère de Bartrès que vous avez vue il y a quelques jours gardant ses troupeaux le long des chemins, et la Reine du Ciel et de la terre une conversation mystérieuse qui se prolongea quelques minutes.

« Je ne comprends pas, disait ensuite Bernadette, que tout ce monde qui est là si près, n'entende pas la voix de la Dame qui parle assez haut pour être entendue, ni ce que je dis, car je ne parle pas plus bas qu'à l'ordinaire. » C'est qu'à cette heure l'âme de la petite bergère n'était plus sur la terre, et que ses sens pouvaient entendre aussi, ce qu'il n'était pas donné à des oreilles humaines de percevoir.

Quand l'Apparition eût achevé de confier à l'enfant qu'elle considérait maintenant comme son amie — (car vous le savez, on ne confie ses secrets qu'à ses amis), ce qu'elle voulait lui dire pour elle seule, et qu'elle eût ainsi gagné de plus en plus le cœur et la confiance de la petite fille, elle en fit son ambassadrice.

— Allez dire aux prêtres, que je veux qu'on m'élève ici une chapelle. Et du geste et du regard elle faisait comprendre qu'elle y répandrait des torrents de grâces. Ayant donné cet ordre elle disparut; Bernadette se releva, elle avait hâte d'aller faire à M. le curé de Lourdes la commission qui venait de lui être donnée.

La foule avait vu le visage transfiguré de l'enfant, le mouvement de ses lèvres; on ne lui demandait pas : « L'as-tu vue? » on le savait, mais : « Que t'a-t-elle dit? » et Bernadette répondait avec sa simplicité ordinaire : « Elle m'a dit deux choses l'une pour moi seule, et l'autre pour les prêtres. » Et elle regagna Lourdes sans se demander dans sa naïve confiance comment son message allait être accueilli.

Vous enviez sans doute le bonheur de cette petite bergère, mes chers enfants. Elle était bien heureuse en effet de voir et de causer ainsi avec la sainte Vierge qui, comme vous le dites, fait la joie et le bonheur du Paradis. Nous ne pouvons espérer le même bonheur en ce monde, mais faisons au moins tout ce qu'il nous est possible de faire pour mériter d'en jouir pendant l'éternité, et pour cela, aimons beaucoup la Mère de Jésus, car un serviteur de Marie est toujours sûr de son salut ; ne passons donc pas une journée sans l'assurer que nous l'aimons, au moins par une courte prière et par quelques petits sacrifices de notre volonté ou de nos goûts qui sont surtout de petites fleurs à déposer chaque soir dans ses mains maternelles, afin que cette bonne Mère nous en tresse un jour une couronne.

CHAPITRE X

BERNADETTE ET MONSIEUR LE CURÉ DE LOURDES

Voyez-vous, mes chers enfants, cette petite fille chaussée de gros sabots de bois blanc, avec sa robe de laine noire toute rapiécée, la tête couverte d'un capulet de grossière étoffe de laine d'un blanc un peu jauni par l'usage, à l'aspect si pauvre, si misérable, au visage flétri, pâle et fatigué, la reconnaissez-vous ? Non, peut-être, eh bien ! c'est pourtant la petite fille si privilégiée de Dieu, que vous voyiez il y a quelques instants agenouillée aux Roches Massabielle, le visage éclairé d'un rayon de lumière invisible ; les traits transfigurés

Entrevue de Bernadette et de Monsieur le curé.

et ressemblant plutôt à un ange en prière qu'à une pauvre enfant de la terre ; oui, c'est bien elle, vers laquelle s'inclinait, pour entrer dans une conversation mystérieuse et intime, la Mère du Créateur et du Sauveur des hommes, le Secours des chrétiens, la Reine de tous les Saints, la Vierge incomparable de beauté, qui règne au ciel entourée de légions d'Anges et couronnée de douze étoiles plus brillantes que le soleil. Oui, mes enfants, c'est bien Bernadette Soubirous qui en revenant de la Grotte, traverse la grande rue de Lourdes et se dirige, suivie d'une grande foule, vers la porte d'un joli jardin au fond duquel se trouve une maison de modeste apparence. Sans timidité, sans audace, elle ouvre une porte à claire-voie et entre dans le jardin qui est celui du presbytère; la foule, par discrétion et par respect, n'ose la suivre et reste dans la rue. Malgré l'heure matinale, M. le curé Peyramale avait déjà célébré sa messe et se trouvait chez lui ; il n'avait jamais parlé à la petite Soubirous qui faisait partie, depuis fort peu de temps du reste, de son troupeau, mais on lui avait montré un jour, dans la rue, l'enfant dont les récits occupaient tout Lourdes en ce moment. La voyant venir il fût étonné et vînt au devant d'elle ; vous le savez, il ne l'avait pas vue à la Grotte, et et ne croyait point encore aux apparitions.

— N'est-ce pas toi qui es Bernadette, la fille de Soubirous le meunier ? dit-il de ce ton brusque qu'il tenait de la vivacité de son caractère, mais qu'il adoucissait d'ordinaire quand il parlait aux enfants, aux pauvres surtout.

— Oui, Monsieur le curé, répondit simplement Bernadette.

— Eh! bien que me veux-tu? dit-il sur le même ton.

— Je viens vous dire, de la part de la Dame qui m'apparaît à la Grotte Massabielle...

— Ah! oui, fit le prêtre dont la voix devint plus rude encore, tu prétends avoir des visions : et tu fais courir tout le pays avec tes histoires ; tu prétends que c'est la vérité, mais rien ne le prouve.

Bernadette ne s'était point attendue à être reçue ainsi par ce prêtre vénéré de tous, et dont si souvent elle avait entendu parler de la bonté; dans son innocence elle avait cru qu'il ne douterait pas de sa parole.

Alors, avec respect, mais sans trouble, elle commença à faire à l'abbé Peyramale, depuis le premier jour des apparitions, le récit de ce qui lui était arrivé. Le saint prêtre était habitué à lire dans les consciences et il vit bien vite que celle de l'enfant qui était devant lui était d'une grande pureté, c'est-à-dire qu'elle n'avait jamais offensé le bon Dieu qu'en des choses de peu d'importance : il reconnut que certainement elle ne mentait pas, qu'elle était d'une grande sincérité dans ce qu'elle racontait et que, dans ce beau regard, plein de candeur et de droiture, on ne pouvait soupçonner l'ombre d'une idée de tromperie. Aussi, tout en écoutant Bernadette, il se sentait le cœur remué d'une émotion profonde: s'il n'avait pas été monsieur le curé de Lourdes, peut être eût-il dit tout de suite : « Je crois comme toi. » Mais, il savait que son opinion dicterait celle de beaucoup d'autres de ses paroissiens, et il crut sage et prudent de ne pas montrer ce qu'il pensait, et d'éprouver encore la petite bergère.

— Tu ne sais pas le nom de cette Dame, demanda-t-il?

— Non, répondit Bernadette, elle ne m'a point dit qui elle était.

— Ceux qui te suivent à la Grotte disent que c'est la sainte Vierge, mais prends garde !

Et la voix de M. le curé de Lourdes devint presque menaçante :

— Si tu fais croire que c'est la sainte Vierge que tu vois, pendant que les autres ne voient rien du tout, tu fais un grand péché et il pourrait bien t'arriver de ne pas la voir un jour et ainsi pendant que les autres personnes en jouiraient pendant toute l'éternité, tu pourrais bien, toi, en punition de tes tromperies et de t'être jouée de la religion, ne jamais la voir, aller brûler en enfer.

— Mais, Monsieur le curé, dit l'enfant avec douceur, je ne sais point si c'est la sainte Vierge, mais je vois la Dame comme je vous vois, elle me parle comme vous me parlez, et elle m'a dit aujourd'hui : « Allez dire aux prêtres que je veux qu'on m'élève ici une chapelle. »

La première émotion du curé de Lourdes s'était effacée ; il se demanda s'il n'était pas vrai que la fille de Soubirous eût le cerveau dérangé comme le prétendaient les savants de Lourdes; car, comment avait-elle l'audace ou la simplicité de venir lui donner ainsi un ordre sans même savoir le nom de celle qui lui en avait donné pour lui la commission. Et il fit répéter à l'enfant les dernières paroles qu'elle venait de lui dire.

Il y avait tant de certitude dans l'accent de la pauvre bergère de Bartrès, que l'abbé Peyramale se dit tout bas : « Après tout, il n'y a rien d'impossible à cela ! » Si la Dame qui t'apparaît est vraiment la sainte Vierge, dit-il tout haut, je serai heureux de la servir dans la mesure de mes forces, mais je ne puis obéir ainsi sans savoir qui elle est, et sans qu'elle me donne une preuve de sa puissance et de la vérité de ses paroles. » Comme il regardait en ce moment par la fenêtre entr'ouverte, il aperçut les branches flétries et desséchées d'un rosier, car on était au mois de février, vous vous en souvenez, et ainsi encore en hiver.

« Ah bien ! dit le saint prêtre, puisque tu dis qu'elle a sous ses pieds les branches d'un églantier, dis-lui de ma part que si elle veut qu'en ce lieu on lui élève une chapelle, elle fasse fleurir le rosier qui se trouve sous ses pieds. » Et il congédia l'enfant.

On sut bientôt à Lourdes tous les détails de la conversation du vénérable pasteur, et de l'humble messagère de la Dame des Roches.

« Vous verrez que le rosier fleurira, disaient les bonnes âmes de la ville, il faudra bien alors que l'on croie que c'est vraiment la Sainte Vierge qui apparaît à cette petite. »

« Ah ! disaient messieurs les libres-penseurs et les impies, Monsieur le curé a été encore plus fin que le commissaire, il a trouvé le bon moyen de faire finir tout cela ; au lieu de se fâcher, de faire des menaces à l'enfant et à sa famille, il demande à cette prétendue Apparition une preuve qu'il lui est impossible de donner. »

Ces beaux messieurs, vous le pensez, mes enfants, ne croyant ni à la puissance de Dieu, ni à celle de sa Mère, ni à celle des saints, n'admettaient pas la possibilité d'un miracle ; aussi plusieurs, pour se donner le plaisir de jouir de la mystification de la petite fille, dont les récits commençaient à les agacer ; pour voir aussi la figure que feraient alors toutes les dévotes du pays, se promirent de descendre le lendemain matin à la Grotte, pour y attendre l'arrivée de Bernadette.

M. Estrade, dont la sœur était fort occupée de tout ce que l'on disait, lui promit même de l'y accompagner. Dès les premières lueurs du jour, l'île du Châlet vit arriver une foule énorme, curieuse de voir ce qui allait se passer ; M. Estrade, sa sœur et les dames qui étaient avec elle, arrivèrent les derniers et eurent beaucoup de peine à se frayer un passage, mais comme le raconta le receveur, il joua si bien des coudes qu'il finit par se trouver l'un des plus proches de Bernadette.

Quand elle vint s'agenouiller à sa place accoutumée, il put voir de près son pâle visage, sa mine chétive et fatiguée ; aussi, quelle ne fut pas sa surprise et celle de tous les impies qui s'étaient rendus ce jour-là à la Grotte, quand il vit les yeux de l'enfant, grands ouverts, se fixer, avec une expression de ravissement et de bonheur, dont rien n'avait pu jusqu'ici leur donner une idée, sur la niche de pierre ; son front s'éclairer de cette lumière invisible pour tout autre que pour elle ; sa bouche entr'ouverte comme si elle allait jeter un cri d'admiration ; sa tête un peu renversée en arrière, tout son visage enfin devenir semblable à celui d'un ange en extase ou en adoration devant le trône de Dieu ; de temps en temps un sourire radieux épanouissait ses lèvres, un instant pourtant une expression de tristesse passa dans son regard, mais dans cette joie et dans cette tristesse il n'y avait rien qui ressemblât à celle de ce monde, et quand de temps en temps, elle faisait le signe de la croix, il y avait dans son geste une telle expression de respect et de piété que, comme on le disait dans la foule : « Si l'on fait au ciel des signes de croix, ils doivent ressembler à ceux-là. » Les impies mêmes étaient ébranlés et M. Estrade avait le cœur remué d'une émotion si profonde et si vive qu'elle faisait monter des larmes à ses yeux. Il avait cru Bernadette sincère dans ses récits, mais il était resté bien persuadé qu'elle croyait voir quelque chose et qu'elle ne voyait rien ; maintenant il ne doutait plus; bien sûr, le regard de l'enfant était fixé sur un être mystérieux, et lui-même sentait sans rien voir, qu'il y avait là, tout près de lui, sur cette roche grise, quelque chose d'extraordinaire, absolument comme en passant de l'autre côté du mur d'un beau jardin, rempli de roses, on respire le parfum des fleurs sans les voir, et cependant on peut affirmer qu'il y a là, tout près, des roses ; jamais, non jamais, depuis son enfance, il n'avait été aussi bouleversé. Pendant un instant, on vit Bernadette, sans doute sur un ordre de l'Apparition, se traîner sur ses genoux jusqu'au fond de la grotte, tout en e quittant pas la niche des yeux ; les personnes qui se trouvaient le plus près d'elle, l'entendirent répéter par trois fois ce mot : « Pénitence, pénitence, pénitence ! » puis l'Apparition disparut.

L'enfant se releva, son visage rentra dans l'ombre et elle reprit le chemin de la ville.

Le rosier n'avait pas fleuri ; si M. Jacomet avait pu se réjouir, si les impies de Lourdes, vantaient de plus en plus la finesse du curé, on pouvait dire aussi que beaucoup de ceux qui ne croyaient pas aux apparitions étaient revenus ce jour-là de la Grotte convaincus de leur réalité.

CHAPITRE XI

BERNADETTE ACCLAMÉE

« Qu'as-tu vu ? » demandait M. le curé de Lourdes à la fille aînée de François Soubirous, la voyant entrer chez lui le lendemain de sa première visite au presbytère.

— J'ai vu la Dame, et je lui ai dit : Monsieur le curé vous demande de donner quelque preuve, par exemple de faire fleurir le rosier qui est sous vos pieds, parce que ma parole ne suffit pas aux prêtres et qu'ils ne veulent pas s'en rapporter à moi.

— Et que t'a-t-elle-dit ?

— Elle ne m'a pas parlé, mais elle a souri ; puis quelques instants après, elle m'a dit de prier pour les pécheurs, et m'a commandé de monter au fond de la Grotte, puis elle s'est écriée, par trois fois : « Pénitence, pénitence, pénitence ! » Elle m'a ensuite révélé un secret pour moi seule encore, et elle a disparu.

— Qu'as-tu vu au fond de la Grotte ? demanda l'abbé Peyramale.

— Je n'ai regardé que quand elle a eu disparu, répondit Bernadette avec douceur ; quand elle est là, je ne vois rien qu'elle, et je ne m'occupe que d'elle ; je n'ai vu alors que de la poussière et quelques brins d'herbe desséchée.

Le curé de Lourdes devint songeur. « Attendons » dit-il.

Le soir même il y avait au presbytère une réunion de prêtres de la ville et des environs, et l'on ne se gêna pas d'y rire un peu aux dépens du bon curé.

— Savez-vous, Monsieur le curé, disaient les plus jeunes que ce sourire de la sainte Vierge n'est pas du tout flatteur pour vous, et de la part de la Reine du Ciel, si c'est elle, c'est inquiétant.

— Au contraire, disait finement l'abbé Peyramale, la sainte Vierge n'est pas moqueuse, donc, si elle a souri, c'est parce que ma demande lui a été agréable et qu'elle l'approuve.

Il y avait bien du vrai dans la réponse de M. le curé, mais s'il avait réfléchi plus longtemps sur la recommandation que l'Apparition avait faite pour la seconde fois à Bernadette de prier pour les pécheurs, il aurait peut-être mieux compris que ce sourire de la Mère de Dieu, voulait dire plutôt : « Il n'eût vraiment pas été la peine de descendre ainsi de mon trône de gloire et des hauteurs du Paradis pour faire fleurir un rosier, ce qu'un rayon de soleil, quelques semaines après, fera sans mon secours ; et la rose du reste qu'il m'eût été si facile de faire fleurir de ma main souveraine, se fanerait bien vite et il ne resterait plus alors aucun signe de ma venue sur la terre. »

En effet, Marie, la Mère si bonne, le refuge des pécheurs, le secours des chrétiens, la consolation des affligés, préférait bien laisser un autre gage de son amour et de sa bonté ; elle n'était descendue que pour faire du bien, ce que le bon curé devait voir dès le lendemain. Quant à M. Jacomet, lui et ses amis étaient fort désappointés, ils avaient toujours pensé que c'étaient les prêtres qui avaient encouragé et peut-être excité les récits de la petite Soubirous pour faire beaucoup de tapage autour des choses de la religion, entraîner dans de sottes croyances les âmes faibles et surtout gagner de l'argent, car comme beaucoup d'autres, Jacomet et ses amis croyaient que les prêtres l'aimaient beaucoup ce misérable argent. Ils oubliaient dans cette circonstance que l'abbé Peyramale distribuait le sien à tous les pauvres de sa paroisse et n'en gardait pas même assez pour s'acheter des souliers neufs et remplacer ses soutanes si usées, que son mobilier était des plus modestes et ses repas souvent frugaux.

Mais voilà que M. Jacomet savait que l'Apparition n'obéissait pas du tout aux ordres de M. le curé qui semblait se moquer de sa messagère et ne point croire à ses récits ; force était donc à M. Jacomet et à ses amis de reconnaître que les prêtres n'étaient pour rien dans cette affaire, et le rusé commissaire ne doutait pas qu'il arriverait facilement alors à faire taire, soit par son habileté, soit par quelque menace, le père Soubirous, sa femme et sa fille.

Pendant ce temps, le peuple de Lourdes courait partout au devant de l'humble bergère ; ouvriers, marchands hommes et femmes du monde l'entouraient, la questionnaient, lui donnaient des marques de respect et l'on ne se gênait pas pour l'appeler déjà la Sainte. Il y avait à Lourdes un avocat de talent qui l'avait même fait venir chez lui et interrogée ; il n'avait pu s'empêcher d'admirer la sincérité de l'enfant, sa douceur, son air d'innocence, sa modestie et sa fermeté. Bernadette n'avait plus maintenant d'autre occupation que de contenter tout le monde en racontant, sans jamais se lasser, le spectacle merveilleux qu'il lui était donné de voir chaque jour ; et pour la voir et l'entendre, la maison des Soubirous se remplissait du matin au soir de visiteurs. Jamais, mes enfants, vous n'en avez vu sans doute de plus pauvre que celle du meunier : une table boîteuse, quelques chaises dépaillées, un grabat si misérable qu'à peine pouvait-on lui donner le nom de lit, un coffre vermoulu, une marmite de terre et quelques autres ustensiles de ménage fort grossiers en meublaient la pièce principale.

Tout le luxe de la maison se trouvait dans un coin à la petite chapelle dressée autour d'une image de Marie et surmontée d'un crucifix ; on y avait attaché quantité de médailles, et de petits cadres de toutes formes et de toutes couleurs; des fleurs de la montagne, desséchées et conservées avec soin, y avaient été placées dans des vases de verre ou de faïence. Ce petit sanctuaire attestait que la foi et la prière n'étaient pas bannies du foyer des Soubirous, comme de tant d'autres maisons de pauvres, d'ouvriers et même de riches, où l'on pense et l'on parle bien peu de Dieu et à Dieu. La sainte Vierge était honorée en famille dans l'humble demeure de la rue des Petits-Fossés où elle s'était choisie l'enfant privilégiée de son cœur.

Un soir, la porte était close, les derniers visiteurs étaient partis et il ne restait plus près du foyer que le père et la mère Soubirous, Bernadette et peut-être sa sœur Marie ; une voisine était venue y commencer la veillée du soir ; tout à coup on heurta à la porte : « Entrez ! » dit le meunier sans se déranger. Et un Monsieur fort bien mis pénétra dans la chambre.

— Bonsoir, mes bons amis, dit-il, d'un ton fort amical. C'est bien toi, ma petite, qui est Bernadette Soubirous la Voyante ?

— Oui, Monsieur, répondit Bernadette, avec son calme et sa douceur accoutumée.

— Je suis venu pour te voir et t'entendre raconter les choses merveilleuses que tu vois aux Roches Massabielle, dit le visiteur, s'asseyant sans façon sous le manteau de la cheminée ; il se mit à questionner la petite fille, semblant prendre intérêt à son récit et être par instants très ému de ce qu'elle racontait ; il paraissait plein de foi, ne pas douter de la vérité des apparitions, et croire surtout que c'était vraiment la sainte Vierge que Bernadette avait l'insigne faveur de voir ainsi chaque jour ; puis regardant autour de lui, il parut avoir une grande pitié de la misère qu'il voyait chez les Soubirous et tirant tout à coup une bourse pleine d'or de sa poche : « Tiens, dit-il à Bernadette, je vois que tes parents sont pauvres, je suis heureux de pouvoir leur venir en aide, prends cet or, je suis riche. »

La rougeur monta au front de Bernadette indignée : « Reprenez cet or, Monsieur, dit-elle vivement, je ne veux rien » et elle repoussa vers l'inconnu la bourse déposée sur la table. Le Monsieur sembla fort contrarié, et pensa mieux réussir près des parents, mais il se trompait ; le père Soubirous rejeta sa riche aumône, comme l'avait fait sa fille, et ne voulut rien recevoir. Quel était cet étranger ? On ne l'a jamais su, il ne reparut plus à Lourdes ; mais M. Jacomet connaissait dès le lendemain matin tous les détails de sa visite chez les Soubirous; peut-être n'eût-il pas été fort en peine de dire son nom. Si Bernadette et ses parents s'étaient laissés prendre par ce tentateur, le procureur impérial et le commissaire de police auraient pu dire alors qu'ils faisaient tous ces contes pour gagner de l'argent, et probablement auraient fait prendre la pauvre Bernadette par les gendarmes. Les Soubirous étaient donc d'honnêtes gens que l'or ne tentait pas ; ils n'étaient pas tombé dans le piège, et le commissaire dut se mettre en rage contre leur honnêteté.

Le lendemain lui préparait une plus grande déception encore.

CHAPITRE XII

LA FONTAINE MIRACULEUSE

Comme toujours, le lendemain dès l'aube, Bernadette descendait à la Grotte où, comme toujours aussi, la foule l'attendait. Dès que l'Apparition se montra, le visage de la petite fille se transforma ainsi que tous les autres jours : « Je veux, dit la sainte Vierge, vous confier pour vous seule un dernier secret. » Elle savait que l'enfant aurait beaucoup à lutter et à souffrir encore, et elle voulait lui donner une troisième preuve de sa confiance et de son amour, afin que, lorsque les heures tristes et tourmentées viendraient pour elle, elle puisse se consoler et se fortifier par le souvenir des douces paroles qu'elle avait entendues et dont elle devait garder en son cœur le sublime secret ; puis le moment était venu où l'Apparition allait montrer à l'enfant d'abord, puis à la foule sa puissance souveraine; peut-être voulait-elle donner à la petite fille un conseil qui devait l'empêcher de s'enorgueillir de tout le respect et l'admiration dont elle allait être entourée ; elle l'avait aimée de préférence parce qu'elle la savait pure et humble, elle voulait qu'elle le demeurât toujours, puis, de cette voix douce et harmonieuse qui commande au Ciel et à la terre, la sainte Vierge ordonna à Bernadette d'aller boire et se laver à la fontaine, et de manger une pincée de l'herbe qui se trouvait auprès. Bernadette savait qu'il n'y avait pas une goutte d'eau à la Grotte, elle se dirigea de suite, en marchant sur ses genoux, vers le ruisseau du côté du Gave, mais l'Apparition, soit du geste, soit de la voix, l'arrêta et lui ordonna de remonter vers le fond de la grotte.

Bernadette obéit avec la même soumission, mais elle ne vit au bas des roches de granit que de la poussière et la terre desséchée. Inspirée par la sainte Vierge elle-même sans doute, elle se mit, au grand étonnement de la foule, à gratter avec ses mains dans cette poussière. Bientôt elle sentit tomber sous ses doigts quelques gouttes d'eau glacée, la terre devint humide, les gouttes d'eau se succédaient sans interruption semblant sortir du rocher et quand le trou creusé par les mains de l'enfant fut devenu à peu près grand comme un verre, il était rempli d'une sorte de boue liquide. Bernadette en prit alors dans le creux de sa main et essaya de la porter à ses lèvres, mais par deux fois, elle la rejeta avec dégoût ne se sentant pas sans doute le courage de l'avaler, puis comme elle voulait absolument obéir à la Dame, elle en reprit une troisième fois, parvint à dominer sa répugnance et à en boire un peu, aussitôt l'eau franchit les bords du petit réservoir et se répandit sur la terre qui y touchait, mais, elle était si sèche, qu'elle la buvait à mesure et que ce ne fut qu'au bout de quelques moments, qu'elle

Bernadette grattant la terre sur l'ordre de la sainte Vierge.

courut comme un petit filet de la grosseur d'une paille, se dirigeant du côté du Gave et passant devant cette foule qui, tout à l'heure, avait cru la pauvre bergère réellement folle en la voyant gratter la poussière, et qui ne put maintenant, à la vue de ce prodige, retenir un cri d'admiration. Quant à Bernadette, après avoir bu, elle s'était lavée le visage et avait cueilli quelques brins d'herbe qu'elle avait mangés selon l'ordre que lui en avait donné l'Apparition. Comme moi, mes chers petits, vous connaissez sans doute beaucoup d'enfants qui n'auraient point eu l'obéissance de la pauvre bergère et auraient trouvé impossible ce qui lui était commandé, et peut-être même s'en seraient moqués ; manger de l'herbe, boire de la boue ! était-ce un ordre raisonnable ? Mais Bernadette, n'était point une orgueilleuse, elle se soumettait simplement à ce qu'elle ne comprenait pas, ayant confiance dans la sagesse de celle qui le lui ordonnait, puis elle l'aimait de toute la force de son âme, et rien ne coûte pour faire plaisir à quelqu'un qu'on aime ; je suis bien sûre qu'ayant tous une grande tendresse pour vos mères, vous avez bien bu ou pris de sa main quelque remède amer ou repoussant, quand elle vous demandait de le faire pour lui être agréable, et qu'elle vous promettait en récompense une caresse, un baiser, un joujou ou un ruban. La Reine du Ciel avait promis bien plus que tout cela à l'enfant qui l'aimait, en récompense de sa fidélité et de son amour, puisqu'elle lui avait assuré qu'elle serait heureuse, non pas vingt ans, cinquante ans ce qui vous paraît à vous bien long sans doute, mais des siècles, et encore des siècles, toujours enfin dans ce beau ciel où l'on voit et entend de si belles choses que saint Paul, auquel le bon Dieu les avait montrées quelques minutes, a dit: Que les yeux y verraient des beautés merveilleuses comme nous n'en avons jamais vues ici-bas, et que nos oreilles entendraient une musique comme il ne leur avait jamais été donné d'en entendre! » Je vois, dans vos regards mes chers enfants, que vous voulez tous mériter d'en jouir et contempler un jour la sainte Vierge dans sa rayonnante beauté, comme le cœur pur et innocent de Bernadette avait mérité de la voir dès ce monde, et que pour cela vous vous promettez de devenir obéissants et modestes.

Tous ceux qui avaient été témoins du miracle de l'eau, jaillissant sous les doigts de Bernadette, cette eau qui avait traversé, sur l'ordre de la Reine du Ciel, des blocs de pierre et pénétré dans la terre durcie, avaient voulu toucher de leurs doigts, et beaucoup porter à leurs lèvres l'eau miraculeuse, s'étaient hâtés de revenir à Lourdes, répandre cette grande nouvelle.

C'était un jour de marché, elle fut bientôt transportée à Tarbes et dans tous les environs. Vous pouvez croire que M. Jacomet ne l'apprit point avec satisfaction ; ce mince filet d'eau jeta beaucoup de noir dans son esprit, car il comprit bien qu'on allait crier avec raison : Au miracle ! Oui, on le criait partout hautement et l'on disait : « Vous voyez bien que vraiment c'est la sainte Vierge qui apparaît à Bernadette, ne reconnaissez-vous pas sa puissance et sa bonté ? »

Dans l'église de Lourdes, ce matin-là, on faisait la fête des Clous et de la Lance. Vous savez tous que lorsque Notre-Seigneur Jésus-Christ eût expiré pour nous sur la croix, un soldat nommé Longin, lui enfonça sa lance dans le cœur, et qu'il en sortit du sang et de l'eau, destinés à guérir les âmes de beaucoup de pauvres pécheurs en les purifiant de tous leurs péchés, eh bien ! c'était le jour de cette fête que la sainte Vierge faisait couler, pour la première fois, et convertir aussi tant de pécheurs, par la vue des miracles qu'elle opérait.

Le soir de ce jour quantité de personnes arrivèrent à Lourdes, descendant de la montagne, des villages, des environs de Tarbes et même de plus loin ; on voulait être là le lendemain matin quand la Sainte, comme on appelait maintenant Bernadette, irait à la Grotte ; ce n'était plus des centaines, mais des milliers de personnes qui y étaient arrivées, avant elle, dès l'aube, regardant avec admiration le filet d'eau s'échappant de la roche de granit et coulant doucement sur le sable de la Grotte, non plus maintenant de la grosseur d'une paille, mais de celle du doigt et qui, dans quelques jours, devait atteindre celle du bras d'un enfant. Tout à coup, ce cri se répéta dans la foule : « Voilà la Sainte ! voilà la Sainte !... » Bernadette venait d'apparaître accompagnée de sa mère ; on lui fit place, tous les fronts se découvrirent et quand elle s'agenouilla, beaucoup de spectateurs en firent autant.

Mais, la sainte Vierge, mes chers enfants, aimait tant l'âme si simple dans sa foi, de l'humble bergère, que, craignant sans doute, au milieu de ces cris d'enthousiasme et de ces marques de respect, elle fut tentée de vaine gloire et d'orgueil, voulant lui prouver peut-être qu'elle ne venait point à sa prière, ni pour la récompenser, mais uniquement quand elle le voulait pour la gloire de Jésus, son fils, et par amour pour les pécheurs, ne descendit point du ciel ce jour-là.

Vainement Bernadette l'appela par sa prière et les désirs ardents de son cœur, elle ne parût point. Le visage de l'enfant n'avait pas changé, et quand elle se releva tristement, elle dit à ceux qui l'entouraient : « Je n'ai pas vu la Dame. » Mais si la Vierge ne daigna pas apparaître ce jour-là, et consoler l'enfant qu'elle aimait, elle commença à montrer aux yeux de tous, son infinie bonté et l'eau miraculeuse opéra plusieurs guérisons dans cette journée.

CHAPITRE XIII

LES PREMIERS MIRACLES A LA GROTTE

Je vous ai dit, mes chers enfants, qu'il y avait à Lourdes beaucoup d'ouvriers carriers, c'est-à-dire employés à extraire de la pierre dans des carrières. Un jour, il y avait plus de vingt ans de cela, deux frères, Joseph et Louis Bourriette se trouvaient occupés à ce travail, quand une explosion de mine lança sur eux un énorme bloc de granit : Joseph fut tué sur le coup, son frère Louis reçut des blessures graves et eût surtout la figure abîmée par les éclats du roc. Le savant docteur Dozous que vous connaissez déjà, lui donna des soins avec beaucoup de dévouement et de science ; pendant bien longtemps la vie du pauvre ouvrier fut en danger ; enfin il guérit, mais demeura très défiguré ; son œil gauche avait été si écrasé que, malgré la science de M. Dozous et plusieurs opérations, il demeura couvert d'un épais brouillard qui, bientôt s'augmenta si bien qu'au moment des apparitions, non seulement il souffrait beaucoup de cet œil, mais quand il fermait l'autre, il ne voyait que la nuit sombre et ne distinguait pas seulement un homme d'un cheval ou d'un arbre : l'un ou l'autre n'étaient pour lui qu'une masse noire. Il allait bien un peu aux carrières, mais ne pouvait faire que fort peu d'ouvrage. Aussitôt qu'il entendit raconter que la Vierge qui apparaissait à la petite Soubirous, lui avait ordonné de gratter la poussière de la grotte et qu'il était sorti du rocher une eau miraculeuse, il dit à sa fille : « Va me chercher de cette eau, je veux en laver mon œil. »

La petite fille courut aux Roches Massabielle et fut promptement de retour.

— Mais, mon père, dit-elle, l'eau est toute boueuse encore, vous ne pourrez pas vous en servir, cela vous fera venir du mal. » Cet homme plein de foi, se mit à prier.

— Donne quand même, dit-il ; et il se lava l'œil à plusieurs reprises avec le liquide bourbeux, puis fermant son œil droit, il regarda autour de lui ; un tremblement agitait ses membres : « J'y vois dit-il, la Vierge m'a guéri. » Pourtant il restait encore un léger nuage, il recommença à se laver, le nuage disparut.

Le pauvre Bourriette ne pouvait contenir sa joie et de suite, il voulut aller porter un cierge à la Grotte. Il en revenait quand, sur la place, il rencontra le docteur Dozous.

— Docteur, je suis guéri, dit-il, en allant droit à son médecin ; » et son visage rayonnait de bonheur.

— Allons donc, dit le docteur, quelle folie ! Vous ne pouvez guérir, mon pauvre ami, le traitement que je vous fais suivre n'est que pour diminuer vos souffrances, mais il y a, dans votre œil même, un mal qui ne peut disparaître.

— Je suis pourtant guéri, dit Louis, et j'y vois comme vous docteur, mais ce n'est pas par votre traitement : c'est l'eau que la sainte Vierge a fait sortir du rocher, sous la main de la petite Soubirous, qui vient de me guérir.

— Allons donc, dit M. Dozous haussant les épaules, j'ai observé et examiné Bernadette, je sais bien qu'elle n'est ni menteuse, ni comédienne, ni folle, comme on le raconte ; mais je ne comprends rien à ce qui se passe en elle, et quant à croire que cette eau peut vous guérir, non.

Et tirant de sa poche son carnet dont il déchira un feuillet, il y traça d'une écriture fine et serrée quelques mots en disant: « Si vous lisez ce que j'ai écrit là je « serai bien forcé de vous croire ; » et tendant d'une main le papier au pauvre ouvrier et posant l'autre sur

Guérison de Bourriette, ouvrier mineur.

son œil droit : « Qu'est-ce qu'il y a là? » dit-il. Le carrier lut sans la moindre hésitation : « Louis Bourriette est atteint d'un mal d'yeux dont il ne peut guérir. »

La foudre serait tombée aux pieds du savant docteur qu'il n'eût pas été plus saisi. Il était consciencieux et prenant les mains de l'ouvrier dans les siennes :

— Mon ami, dit il avec émotion je crois aux apparitions ; cette eau est miraculeuse, il n'y a que par la « puissance de Dieu, ou celle qu'il a mise entre les mains de sa Mère que vous avez pu être guéri, nous autres médecins, notre science est bien peu de chose auprès de celle-ci et de cette puissance de Dieu

Non seulement le pauvre carrier ne sut que faire pour prouver sa reconnaissance à la Vierge si bonne pour les pauvres pêcheurs ; mais tous ses amis, tous ses camarades de travail se rendirent peu de jours après aux Roches, pour y tracer un chemin qui rendait plus facile l'approche de la Grotte, et surtout de la Fontaine miraculeuse à laquelle ils creusèrent un petit bassin de la forme d'un berceau d'enfant.

Bien d'autres miracles suivirent celui de Louis Bourriette ; de pauvres malades qui n'étaient pas sortis depuis de longues années de leurs lits, retrouvèrent tout à coup la santé, soit en buvant de l'eau de la Fontaine ; soit en s'en lavant. Une pauvre fille infirme retrouva l'usage du bras et de la main, aussi chaque soir, on voyait une foule nombreuse descendre à la Grotte qui s'illuminait tout à coup, chacun y apportant un cierge ou une bougie dont on garnissait le rocher, puis on priait et on entonnait des cantiques en l'honneur de la sainte Vierge. Le maire de Lourdes n'osait rien dire et Jacomet terrifié se taisait, se promettant bien d'arriver enfin à faire mettre cette petite sorcière de Bernadette en prison.

Le procureur impérial fort contrarié aussi, l'avait bien fait demander un jour au tribunal ; il l'avait interrogée ainsi que le juge d'instruction, mais, ni l'un, ni l'autre n'ayant pu la prendre en mensonge avaient été forcés de la renvoyer.

Le 2 mars, Bernadette vint retrouver le curé de Lourdes pour lui renouveler la demande de la Dame qui voulait toujours qu'on lui bâtisse une chapelle et qu'on fasse des processions à la Grotte.

L'abbé Peyramale ne doutait plus ; l'Apparition n'avait pas dit son nom encore, mais il était facile de reconnaître que le peuple ne s'était pas trompé ; c'était bien la Mère admirable, la Mère du Dieu de bonté : on la reconnaissait maintenant à ses bienfaits, et peut-être M. le curé de Lourdes, profondément ému de la voir daigner descendre au milieu de son troupeau, disait-il déjà au fond de son cœur: « Notre-Dame de Lourdes priez pour nous, » Aussi ce jour-là, reçut-il la petite bergère, messagère de la Reine du Ciel avec une grande bonté.

— Je crois comme toi, lui dit-il, mais ce que tu me demandes, mon enfant, n'est pas en mon pouvoir, il faut que j'y sois autorisé par Monseigneur de Tarbes ; je lui ai déjà parlé plusieurs fois de tout ce que tu m'as raconté et je vais aujourd'hui-même aller le trouver pour en causer avec lui.

L'évêque de Tarbes était un enfant du pays, et tout ce qui se passait dans ce diocèse où il était né l'intéressait vivement, puis il avait pour le curé de Lourdes beaucoup d'affection et d'estime. Il le reçut avec sa bienveillance ordinaire, écouta le récit de tout ce qui se passait dans sa paroisse avec beaucoup d'attention. Monseigneur Laurence était d'une grande sagesse et ne précipitait jamais aucune décision ; il ne pouvait guère douter, non seulement de la vérité des apparitions, mais encore que cette Apparition ne fût vraiment la très sainte Vierge, cependant il voulut attendre encore avant de permettre les processions à la Grotte, mais il promit à l'abbé Peyramale qu'il enverrait chaque jour à Lourdes l'un de ses prêtres de Tarbes, qui le tiendrait au courant de tout ce qui s'y passerait. L'abbé Peyramale se soumit, et selon le conseil de son évêque, ne descendit point encore à la Grotte, et maintint la défense qu'il en avait faite aux prêtres qui dépendaient de lui, mais il avait le cœur plein d'une confiance que le temps était proche, où il pourrait enfin aller s'y agenouiller aussi avec la foule.

Le 4 mars arriva, dernier jour de la quinzaine promise par Bernadette à l'Apparition ; tout le monde croyait que ce serait bien la dernière fois que la Reine du Ciel descendrait de son royaume de gloire pour apparaître à la petite bergère et causer avec elle. Ce n'étaient point, mes chers enfants, des centaines, ni quelques milliers de personnes qui se trouvaient aux Roches Massabielle dès les premières heures du jour ;

le journal de Lourdes assura, vous aurez peine à le croire, c'est l'exacte vérité, cependant, qu'on en comptait 20.000 ce matin-là, venus de tous les points du département pour voir une fois encore le visage rayonnant d'amour et d'admiration de Bernadette Soubirous quand l'Apparition était devant elle. Vous croyez peut-être qu'il n'y avait que des femmes, des enfants, des jeunes filles, mais pas du tout, on y voyait de beaux messieurs, de belles dames avec des robes de soie et des manteaux garnis de fourrures qui frappaient du pied et changeaient souvent de place pour se réchauffer, car à cette heure et dans cette saison l'air était très frais. Il y avait encore de vieux montagnards à la barbe et aux cheveux blancs, enveloppés dans leur mante de laine et appuyés sur leur bâton ferré; autour d'eux était groupé tout le reste de la famille. Plus loin c'étaient des jeunes filles, enveloppées dans leurs capulets de laine rouge ou blanche, récitant dévotement leur chapelet; il y avait des Basques, des Béarnais, avec leurs bérets de laine et leur air alerte, des paysans, des Espagnols à l'œil vif, avec leurs ceintures de laine de toutes les couleurs et leurs chapeaux enrubannés; on y voyait des chevriers, des bergers, des ouvriers, des commerçants, des magistrats, de riches propriétaires, des soldats, des officiers aux uniformes variés; les arbres même qui bordaient le Gave étaient garnis de curieux qui ainsi dominaient toute la foule, et plus loin le long de ce Gave, des gendarmes à cheval se chargeant de maintenir l'ordre, afin qu'il n'arrivât pas d'accident ; les officiers de cavalerie de Tarbes sont venus à cheval, les soldats de la garnison de Lourdes qui, sans en demander la permission à leur commandant, aidaient les sergents de ville à faire la police autour de la Grotte. M. le Maire qui était faible, mais bon, n'avait pas voulu se fâcher avec la population de Lourdes et se mettre mal avec l'Apparition ; il fermait les yeux pour ne pas voir, et les oreilles pour ne pas entendre, ce qui impatientait fort M. Jacomet, qui l'accusait de lâcheté. Il avait bien en poche un ordre du préfet de Tarbes et un ordre du procureur lui ordonnant d'interdire ces rassemblements s'il y avait du désordre, du bruit ou quelque accident ; mais la Reine du Ciel veillait et rien ne vint permettre au commissaire de pouvoir mettre ces ordres à exécution. En attendant l'arrivée de la Voyante, chacun cherchait à approcher à son tour de la fontaine miraculeuse qui courait maintenant claire et limpide, pour boire, se laver, ou seulement admirer ce petit filet d'eau sorti sur la terre desséchée des roches de granit au commandement de la Mère de Dieu, sous les doigts d'une humble bergère.

Tout à coup, elle apparut, cette modeste enfant, chaussée de ses gros sabots, vêtue de sa robe rapiécée et enveloppée de son grossier capulet de molleton blanc. Un seul cri partit de toutes les bouches : « Voilà la Sainte, voilà la Sainte ! » Oh ! mes chers enfants, croyez-vous que si la vierge Marie, n'eût, par ses conseils et par sa protection, veillé sur le cœur si pur de la pauvre bergère, elle n'eût pas été tentée, en ce moment, d'orgueil et de vaine gloire ? mais, de sa main maternelle, la Vierge avait écarté l'ange mauvais et lui avait défendu d'approcher de son enfant.

Quand, après avoir traversé cette multitude, sans sembler y prendre garde, Bernadette s'agenouilla, beaucoup de femmes firent de même, et quand son visage s'éclaira et se transforma dans l'extase, bien des fronts se découvrirent, car si on ne voyait pas l'Apparition, on sentait qu'elle était là, au-dessus de cette foule à laquelle elle souriait et qu'elle bénissait peut-être de la main. Un grand silence et une véritable émotion dominaient cette masse énorme de spectateurs. Comme tous les jours, on vit un instant les lèvres de la Voyante remuer comme si elle parlait à la Dame invisible ; puis, comme tous les jours aussi on la vit se lever sans quitter le rocher des yeux, monter au fond de la Grotte, boire et se laver à la Fontaine, et manger quelques feuilles de l'herbe qui s'y trouvait. Aussitôt son visage redevint celui de la pauvre petite bergère qu'on avait vue arriver quelques instants auparavant pâle et le teint flétri par le soleil. La foule s'éloigna lentement et le soir vers quatre heures quelques centaines de personnes se trouvaient encore réunies aux Roches Massabielle.

CHAPITRE XIV

LE PETIT JUSTIN BOUHOHORTS

Pendant que cette foule se pressait le 4 mars autour de la Grotte et acclamait l'heureuse messagère de la Reine des Anges, une scène bien douloureuse, mes chers enfants, se passait dans une pauvre maison d'ouvriers de Lourdes. Un père et une mère, penchés sur le berceau de leur unique enfant, attendaient son dernier soupir. C'était un petit garçon de deux ans environ nommé Justin Bouhohorts, dont les parents étaient journaliers : cet enfant était né chétif et infirme il n'avait jamais pu marcher, une fièvre lente le minait depuis de longs mois, il était devenu d'une maigreur extrême et son pauvre petit visage était déjà l'image de la mort ; le médecin de Lourdes, qui l'avait longtemps soigné, l'avait abandonné déclarant qu'il n'avait plus que quelques heures à vivre. A chaque instant, en effet, sa respiration devenait plus faible et une voisine, Franconnette Gozos, croyant l'heure venue où son âme allait s'envoler, engageait sa mère qui faisait éclater son désespoir, penchée sur ce petit corps déjà inanimé, à aller se chauffer près de la cheminée, pendant qu'elle allait préparer le drap pour ensevelir le pauvre petit Justin. Le père, plus calme dans sa douleur que la mère, considérait d'un air morne et abattu le berceau qui allait être bientôt vide.

Tout à coup, Croisine, c'était le nom de la mère de l'enfant, se leva, les vêtements et les cheveux en désordre, et saisissant dans ses bras le petit corps de son fils qui n'était déjà plus qu'un squelette raidi et presque glacé :

« Il ne mourra pas dit-elle, je l'emporte à la Grotte, la sainte Vierge va me le guérir. »

En vain, son mari et Franconnette lui dirent qu'il allait passer entre ses bras, qu'elle allait l'achever, qu'il fallait le laisser mourir tranquille. Elle ne voulut rien écouter, tous deux crurent que son chagrin la rendait folle. Enveloppant son enfant expirant dans son tablier elle courut à la Grotte, dont elle était encore éloignée. Quand les deux ou trois cents personnes qui s'y trouvaient encore, la virent arriver échevelée, les habits en désordre, on pensa que c'était une pauvre femme qui n'avait plus sa raison ; ce fut bien autre chose, quand on la vit, repoussant tout le monde, s'approcher du petit bassin creusé par les carriers et rempli de l'eau glacée de la Fontaine miraculeuse, et y tremper le corps inanimé de l'enfant qu'elle sortit de dessous son tablier. « C'est une folle cria-t-on de toutes parts. » Et quelqu'un lui dit en lui touchant l'épaule :

— Vous voulez donc tuer votre enfant ?

La pauvre femme se retourna alors et d'une voix ferme et suppliante.

— Laissez-moi, laissez-moi, dit-elle, je veux faire

Croisine portant son enfant à la Fontaine miraculeuse.

tout ce que je pourrai pour le sauver et le bon Dieu et la sainte Vierge feront le reste.

Quelle foi avait cette femme, mes enfants, quelle confiance elle avait en la puissance et en la bonté de la Mère de Dieu. La sainte Vierge aurait-elle pu ne pas en être touchée ? elle qui a été mère aussi et qui a connu toutes les douleurs du cœur des mères.

Pendant plus d'un quart-d'heure, malgré les cris et les supplications de tous ceux qui l'entouraient, les injures même de quelques-uns, Croisine tint son enfant dans cette eau où elle espérait trouver pour lui le salut. Le petit corps n'avait pas fait un seul mouvement, elle l'enveloppa de nouveau dans son tablier et revint le coucher immobile et glacé dans son berceau.

— Tu vois bien que tu l'as tué, dit le père avec reproche, il est mort.

— Non, dit Croisine, je te dis qu'il n'est pas mort et que la sainte Vierge le guérira.

Au bout de quelques instants, la mère anxieuse, penchée sur la couchette, entendit un léger souffle. « Il respire », dit-elle. Il respirait en effet, ses yeux étaient fermés, et il dormait d'un paisible sommeil. Le reste de la soirée, la mère tremblante écouta avec ravissement cette respiration qui d'heure en heure devenait plus forte.

Aussi, quand après une nuit d'un bon sommeil, le petit Justin s'éveilla, il était encore bien maigre, vous le pensez, mais ses joues, si pâles la veille, avaient de belles couleurs roses, et dans ses yeux grands ouverts brillaient la vie et la santé ; le père et la mère ne cessaient de l'embrasser que pour remercier Dieu.

Cependant, quand l'enfant demanda à sortir de son berceau et à marcher, Croisine effrayée s'y opposa, le fit déjeuner, chercha à le rendormir car elle, si courageuse et si confiante la veille, ne pouvait croire qu'il fût déjà de force à se lever. Aussi quand après une seconde bonne nuit, le père et la mère partirent pour leur travail, ils ne s'attendaient guère à la surprise qu'ils auraient au retour. Quand Croisine revint à l'heure du déjeuner, en ouvrant sa porte elle poussa un cri de surprise et d'effroi, Justin se promenait au milieu de la chambre marchant d'un meuble à l'autre : « Mon Dieu, mon Dieu, tu vas tomber, pauvre petit » s'écria-t-elle. Mais l'enfant se retournant, vint se jeter en riant dans les bras de sa mère. Vous comprenez, mes chers enfants, tout le bonheur de ces pauvres gens, et leur reconnaissance envers la sainte Vierge.

Justin grandit, devint un bon écolier, auquel on ne reprochait que d'aimer trop à courir.

Du 4 au 25 mars, il se fit bien des miracles encore ; Bernadette allait à la Grotte chaque jour pour prier devant ce rocher béni, où quinze fois déjà la Reine du Ciel, dans son incomparable beauté, lui était apparue, et lui avait tant de fois parlé de cette voix dont la douceur ravit les anges ; peut-être en souvenir, baisait-elle avec amour le rocher de granit ; tous les jours elle continuait à boire à la Fontaine et à s'y laver le visage, mais si elle descendait toujours à la Grotte, elle n'y était plus appelée par cet ardent désir qu'elle ressentait pendant les jours de la quinzaine, ni entraînée par cette force intérieure à laquelle sa volonté ne pouvait résister. Aussi quel fut son bonheur, quand, le matin du 25 mars, elle se sentit de nouveau, comme malgré elle, pressée de descendre aux Roches Massabielle ; elle comprit qu'elle allait y revoir la Dame, et se hâta d'obéir à son ordre.

Maintenant l'humble bergère ne pouvait plus faire un pas à Lourdes sans être observée, et bientôt ce ne fut qu'un bruit : « Bernadette va à la Grotte ! » Une foule nombreuse y arriva en même temps qu'elle.

C'était la fête de l'Annonciation, c'est-à-dire le jour où, pour la première fois l'humble vierge de Nazareth, avait été saluée par l'ange Gabriel, envoyé de Dieu pour lui demander de consentir à devenir sa Mère, à quoi la sainte Vierge avait répondu, vous le savez : « Je suis la servante du Seigneur. »

Dans toutes les églises du monde chrétien, les prêtres qui disaient leur messe à cette heure matinale répétaient le salut de l'ange : « *Je vous salue, Marie pleine de grâces* », cette prière qui lui est adressée chaque jour par des milliers de bouches.

Bernadette s'agenouilla, et comme toujours commença son chapelet, mais presque aussitôt son regard devint rayonnant de joie et d'amour, se fixa sur la niche, et son visage s'éclaira comme s'il se fut trouvé au-dessous d'une lumière invisible.

Bien des fois déjà elle avait demandé à l'Apparition,

selon le désir de M. le curé de Lourdes, de lui dire son nom, mais sa demande était demeurée sans réponse. Inspirée peut-être par la sainte Vierge elle-même, elle dit encore ce jour-là :

— Oh! Madame, veuillez avoir la bonté de me dire qui vous êtes, et quel est votre nom? La Vierge sourit et ne répondit pas.

« — Oh! Madame, recommença Bernadette, veuillez avoir la bonté de me dire qui vous êtes et quel est votre nom ?

La Vierge sourit de nouveau, mais ne répondit pas davantage; une troisième fois Bernadette renouvela sa demande, le visage de la Vierge s'éleva vers le ciel avec une expression de joie et d'amour qui la rendait plus belle encore.

Elle portait toujours cette robe d'une incomparable blancheur, près de laquelle celle des neiges éternelles et les pétales des lis eussent paru bien ternes. Comme au premier jour, sur ses pieds, s'épanouissaient deux roses d'un jaune d'or, et autour de sa taille se nouait un large ruban de la couleur et de la transparence du ciel, il retombait devant elle en deux longs bouts presque jusqu'à ses pieds; un voile, d'un tissu d'une blancheur éclatante, était posé sur sa tête et l'enveloppait presque entièrement; dans ses mains, les grains du rosaire plus blancs que de l'albâtre couraient entre ses doigts.

— Oh! Madame, demanda une quatrième fois la petite bergère, veuillez avoir la bonté de me dire qui vous êtes et quel est votre nom?

A ces mots de l'enfant, l'Apparition devint plus rayonnante encore, et son regard sembla s'élever au-delà de la voûte azurée, car le temps était superbe ce jour-là ; sans doute elle bénissait Dieu le père de l'avoir créée sans tache, puis elle abaissa les mains vers la terre faisant glisser son chapelet sur son bras, et les rejoignant avec une expression de ferveur céleste, elle regarda encore le ciel, comme pour bénir et remercier Dieu, puis elle prononça ces paroles :

« *Je suis l'Immaculée Conception !* »

Oh ! mes enfants, si Bernadette eût compris ce que voulait dire ce nom qu'elle entendait pour la première fois, comme elle eût été plus heureuse encore ! « Je suis l'Immaculée Conception » c'est-à-dire : la seule créature qui n'ait jamais été souillée de la tache du péché originel ; celle que Dieu, dans son infinie bonté, a fait naître pure et sans tache, celle qu'il a choisie, pour sa Mère, et que pour cela il a fait la blancheur même, et la pureté immaculée. Après ces paroles, l'Apparition radieuse disparut et Bernadette sortant de son extase, s'empressa de rentrer à Lourdes pour dire enfin à l'abbé Peyramale ce nom qu'elle n'avait jamais entendu prononcer encore, et qu'elle répétait tout le long du chemin dans la crainte de l'oublier... Presque chaque jour il se faisait de nouveaux miracles et les pèlerins se succédaient devant la Grotte ; les ouvriers de Lourdes avaient agrandi et prolongé le chemin tracé par les carriers, et chaque soir, après leur journée de travail, ces braves gens se rendaient nombreux, élargir la voie qui conduisait aux roches bénies.

C'était un touchant spectacle, comme le dit M. Henri Lasserre, de voir avec quelle ardeur ils travaillaient jusqu'à la nuit close ; avant de se retirer, tous venaient se grouper devant la Grotte, la pioche sur l'épaule ou la pelle à la main pour faire ensemble la prière du soir avant de regagner leurs pauvres chaumières. Quelques-uns avaient construit une légère balustrade pour fermer l'entrée de la Grotte, où déjà étaient déposés plusieurs objets témoignant de la reconnaissance de ceux que la Vierge sainte avait guéris. On y brûlait des cierges, on apportait des vases de fleurs, des découpures de papier même des chaînes d'or. Plus les miracles devenaient nombreux, plus la rage des impies et des libres-penseurs devenait grande, ils se seraient bien gardés de raconter les guérisons de Louis Bourriette, Marie Daube, Bernarde Soubié, Fabien Baron, Jeanne Crassus, celle du petit Justin Bouhohorts et tant d'autres, dont il eût été facile de prouver la vérité. Savez-vous ce qu'ils faisaient alors ; ils racontaient de faux miracles qu'ils inventaient, des choses ridicules pour qu'on se moquât de Bernadette et de l'Apparition, ainsi ils mettaient dans leurs journaux que Bernadette avait guéri un aveugle en soufflant sur ses yeux, et qu'un homme dont l'âme était chargée de péchés s'étant présenté devant elle, ayant osé se moquer de l'Apparition, la Voyante l'ayant touché de la main, tous les péchés de cet homme s'étaient changés en gros serpents qui l'avaient aussitôt dévoré.

Je ne sais qui pouvait croire des choses aussi absurdes, mais elles faisaient beaucoup rire les amis de M. Ja-

comet qui s'était empressé d'envoyer à M. le Préfet de
Tarbes le récit de tout ce qui s'était passé sous ses yeux.
M. le préfet ne sachant que faire, et désirant beaucoup
voir finir tout cela, en avait informé M. le Ministre,
qui, n'étant pas plus dévot que M. le Préfet, M. Jacomet et ses amis, ne voulait point qu'il y eût de
miracles, parce que les miracles prouvent la puissance
de Dieu et que le bon Dieu gênait beaucoup ces messieurs-
là. Il donna donc ordre à M. le Préfet de Tarbes, de
s'entendre avec Monseigneur Laurence, afin que celui-ci
défendit à Bernadette de paraître à la Grotte. Vous pensez
que Monseigneur l'évêque ne voulut pas se prêter aux
désirs de M. le Ministre, bien qu'il n'eût encore autorisé
ni les processions, ni la construction de la chapelle, de
cette chapelle, que la population de Lourdes ne cessait
de demander selon le désir de la sainte Vierge.

Chaque jour, de pieux pèlerins, ou des malades
guéris par l'eau miraculeuse, jetaient à la Grotte une
offrande à cette intention, soit une bourse contenant
quelques centaines ou même quelques milliers de francs,
ou de plus légères aumônes, qui étaient fidèlement
rapportées à M. le curé de Lourdes. Pas une pièce de
vingt centimes ne fut soustraite de ces aumônes jetées en
plein air, et qui souvent passaient des nuits entières à la
disposition du premier venu.

La sainte Vierge n'eût pas permis qu'on puisse lui
reprocher que son règne avait autorisé le vol. Du reste,
bien que M. le Ministre et M. le Préfet, se couvrant
comme M. Jacomet, d'une peau de brebis pour ne pas

paraître loup, eussent assuré à Monseigneur l'évêque
que ces prétendues apparitions et ces soi-disant miracles
feraient le plus grand tort à la religion à Lourdes, au
lieu de lui faire du bien ; jamais on n'avait vu encore tant
de monde que cette année aux cérémonies de la Semaine
Sainte ; une foule si grande aux confessionnaux et tant
de personnes s'approcher de la table sainte.

Chose étonnante ! pendant six mois il ne se commit
pas un vol, pas le moindre crime dans tout le département, la prison de Lourdes resta vide, et même à Tarbes
on n'eût aucun criminel à juger aux assises ; la sainte
Vierge bénissait tout ce cher pays où son règne allait
s'établir si consolant et si doux par tant de grâces et de
bienfaits qu'elle allait y répandre.

CHAPITRE XV

LE LUNDI DE PAQUES. — LES PERSÉCUTIONS

On était au lendemain de la fête de Pâques qui avait
été célébrée, avec une grande ferveur par les habitants
de Lourdes, et le bon abbé Peyramale avait eu la consolation de voir revenir au bon Dieu cette année-là plusieurs de ses paroissiens qui étaient restés éloignés
depuis longtemps de la Table sainte. Dès le matin, Berna-

dette se sentit pressée au fond du cœur de se rendre à la Grotte une fois encore : la Vierge Immaculée l'y appelait. C'était jour de fête, chacun était chez soi, et de porte en porte on sut bien vite qu'elle s'y rendait : plusieurs centaines de personnes la précédèrent ou la suivirent et bientôt on la vit agenouillée, immobile et toute transfigurée. La Vision était là. Écoutez bien, mes enfants, le miracle qui s'opéra et que toute la foule put admirer. Pendant qu'elle priait, Bernadette avait appuyé à terre l'extrémité du cierge qu'elle tenait à la main et qui était très grand, mais, en élevant ses mains dans un mouvement d'admiration au moment où la Vierge lui apparût, elles se trouvèrent sur la flamme du cierge qui passa entre ses doigts : l'air la faisait vaciller et il était impossible qu'elle ne se brulât pas. Il y eut un mouvement d'étonnement dans la foule en voyant que l'enfant ne semblait point la sentir, qu'elle ne dérangeait pas ses mains, et que son visage n'exprimait aucune souffrance. Tant que l'Apparition se montra, elle demeura immobile dans la même position, le regard ravi, le visage illuminé par les joies de l'extase. Quand l'Apparition disparut elle revint à elle, fit un mouvement et retira brusquement ses doigts, le docteur Dozous avait pris sa montre, ils étaient restés sur la flamme un peu plus d'un quart d'heure, il examina la main de Bernadette, elle ne portait aucune trace de brûlure et de toutes parts on s'écriait : « C'est un miracle ! » Mais il y avait là encore quelques incrédules qui disaient : « Vous voyez bien que c'est un effet de sa maladie nerveuse, elle est devenue insensible. »

Et l'un d'eux prenant un cierge qui se trouvait là, en approcha la flamme de la main de Bernadette sans qu'elle y prît garde, mais la petite fille le repoussa vivement en s'écriant :

« Ah! Monsieur, vous me brûlez! » Ce dont l'incrédule fut fort étonné.

Après les fêtes de Pâques, Bernadette retourna à l'école où elle se considérait toujours comme la dernière de toutes, car malgré tout le bruit qui se faisait autour d'elle, elle demeurait une bien simple petite enfant. La sainte Vierge aime tant les enfants qui gardent la simplicité de leur âge et ne perdent pas ce qu'il y a de plus aimable en eux en voulant se vieillir et se donner de petits airs de grands personnages. Bernadette, dont la sainte Vierge avait protégé la simplicité et la candeur aimait beaucoup à jouer à la corde, à cache-cache, à pigeon-vole, mais ce qui la ravissait surtout c'était d'entrer dans une ronde avec trente ou quarante de ses compagnes et de tourner en chantant comme elle disait. Mais elle apprenait difficilement à lire ou à écrire, elle semblait toujours distraite à l'étude, ce n'était point qu'elle parcourût en esprit, comme quelques-unes de ses compagnes, les sentiers de la montagne ou les bords du Gave, courant après quelque papillon ou quelque nid d'oiseau ; peut-être son imagination voyageait-elle dans les chemins dorés du Paradis, dans ce beau jardin fermé, où ne pénètrent que les anges et les saints, et peut-être aussi, cherchait-elle à y revoir cette céleste beauté de la Vierge Marie qui avait ravi son cœur tout plein du souvenir de ses bontés et des joies qu'elle avait goûtées à ses pieds. Mais, si pour l'étude, elle se montrait d'une intelligence fort ordinaire, quand il s'agissait de raconter les apparitions, de répondre aux questions sans fin qui qui lui étaient faites et aux choses malignes qui lui étaient dites à ce sujet, elle avait un à-propos et une finesse de reparties qui clouaient la bouche aux plus osés. Ainsi, parmi les nombreux et grands personnages qui vinrent la visiter, on cite un député des Basses-Pyrénées, qui se rendit chez les Soubirous accompagné de plusieurs jeunes filles et jeunes femmes de Pau du meilleur monde et des plus élégantes.

— Vraiment, dit le député à la petite bergère, quand elle eût fini le récit des apparitions, tu ne me feras pas croire que la sainte Vierge te parlait en patois ; je crois bien que le bon Dieu et sa Mère ne connaissent pas cette langue-là.

— Et s'ils ne le savaient pas, Monsieur, répondit l'enfant, comment le saurions-nous nous mêmes ? Et s'ils ne le comprenaient pas, qui nous rendrait capables de le comprendre ?

Le député ne sut que répliquer, mais se retournant vers le groupe charmant qui l'accompagnait.

— La Dame que tu as vue, dit-il à Bernadette, n'était toujours pas plus jolie que ces dames ?

Bernadette promena son fin regard sur les jeunes et frais visages qui l'entouraient, puis elle fit une moue de dédain.

— Oh ! c'était bien autre chose que tout cela, dit-elle.

Je ne sais, mes enfants, si cette réponse flatta beaucoup les belles dames de Pau.

Une autre fois un Monsieur qui voulait faire de l'esprit lui dit :

— Tu te croyais donc une bête pour manger de l'herbe ?

— Vous en croyez-vous une, Monsieur, quand vous mangez de la salade

Le Monsieur, fort attrapé tourna le dos et vous pensez que chacun rit à ses dépens.

Pendant que Bernadette répondait avec sa simplicité ordinaire, mais aussi avec calme et à-propos à ses nombreux visiteurs et qu'elle se préparait dans toute la ferveur de son âme pieuse à sa première communion, pendant que la Vierge continuait à répandre ses bienfaits et à guérir quantité de malades, tantôt subitement après qu'ils avaient bu ou s'étaient lavés pendant quelques jours avec l'eau miraculeuse, et que les pèlerins apportaient chaque jour à la Grotte de Massabielle de nouveaux témoignages de leur amour et de leur confiance, M. le préfet de Tarbes, voyant comme M. Jacomet et le procureur impérial qu'il n'y avait pas moyen de prendre Bernadette en mensonge, de lui faire accepter de l'argent, ni de pouvoir la traiter de comédienne et par conséquent de se débarrasser d'elle, écrivit de nouveau à M. le ministre. M. le ministre n'était jamais en peine et il se dit tout simplement : « Il faut tâcher de prouver que cette petite fille est folle et l'enfermer à l'hôpital ; M. le préfet en a le droit, ainsi que celui de faire enlever tous les objets pieux que la foule porte à la Grotte. »

Bernadette devant un député des Basses-Pyrénées.

LE LUNDI DE PAQUES. — LES PERSÉCUTIONS 149

Et, bien vite, il écrivit à M. le préfet qui s'empressa d'envoyer deux jeunes médecins des plus irréligieux du département, examiner la pauvre Bernadette qui ne se doutait guère de ce que l'enfer tramait contre elle, car bien sûr, mes enfants, c'était Satan lui-même qui poussait ces messieurs du pouvoir à cette persécution. La sainte Vierge, vous le savez, est sa plus mortelle ennemie depuis qu'elle a accepté de devenir la Mère de Celui qui descendait sur terre pour nous arracher à son pouvoir. C'est pourquoi vous avez vu bien des fois l'image de la sainte Vierge écrasant de son pied virginal la tête maudite de l'ennemi de notre salut. Le démon sait combien Marie par sa puissance sur le cœur de son divin Fils, sauve d'âmes prêtes à tomber dans son empire, à combien de pauvres pécheurs elle tend la main, les préservant du plus grand de tous les malheurs, celui de prendre leur âme ; puis le démon savait bien qu'elles grâces la Vierge allait répandre jusqu'à la fin des siècles sur tous les pèlerins qui viendraient la prier au pied de ce rocher béni. Voilà donc pourquoi, dans sa fureur et dans sa rage, il pressait M. le préfet et M. le ministre, d'en finir avec toutes ces superstitions comme disait Jacomet.

Les deux jeunes médecins examinèrent la tête de Bernadette, son pouls, la firent causer et furent en conscience obligés de déclarer que cette enfant n'était point folle, mais comme elle revenait sans cesse à parler des apparitions, ils déclarèrent qu'elle était atteinte de manie et d'hallucination, ce qui voulait dire, comme je vous l'ai déjà expliqué, qu'elle rêvait tout éveillée et s'imaginait voir des choses qui n'existaient que dans son imagination en délire. M. le préfet aurait préféré qu'on la déclarât folle tout à fait, mais cependant cela lui parut suffisant pour donner l'ordre à M. le maire de Lourdes de faire arrêter Bernadette, et de la faire conduire à l'hôpital de Tarbes comme aliénée ; il ordonnait en même temps à M. Jacomet d'aller le même jour à la Grotte faire enlever tout ce qui s'y trouvait, lui disant aussi qu'en cas de troubles dans la population de Lourdes, un escadron de cavalerie se trouverait prêt dans la cour de la caserne de Tarbes et partirait au moindre signal. M. le maire de Lourdes était bon, mais faible ; fort ennuyé de l'ordre du préfet il n'osait tout à fait lui résister, il avait une profonde estime pour l'abbé Peyramale et crut devoir, par déférence, le prévenir de ce qui allait se passer ; mais n'osant se rendre seul au presbytère, il prit avec lui le procureur impérial. Quand le vénéré pasteur de Lourdes eût entendu lire l'ordre reçu le matin même de la Préfecture, il bondit et avec cette énergie de caractère qu'on lui connaissait, debout, les bras croisés sur sa poitrine, il s'écria :

« Vous savez comme moi, Monsieur le procureur, que ce que dit cette enfant n'est que la vérité ; l'eau qui a jailli sous ses doigts, au commandement de la Vierge, les miracles si éclatants que cette eau miraculeuse opère sous nos yeux, ne disent-ils pas assez la vérité de ce qu'elle raconte et de ce qu'elle voit. Si Monseigneur de Tarbes et moi nous avons cru prudent de ne pas nous prononcer encore, nous n'en croyons pas moins. Arrêter cette innocente enfant serait un crime ; mouton ou brebis, je dois défendre mon troupeau, et si je voyais quelqu'un attaquer le plus petit et le plus faible de mes agneaux, celui qui voudrait lui faire du mal, serait-il le préfet, je saurai le défendre. Bernadette est la plus petite, la plus faible de mes ouailles ; on ne peut trouver de motifs pour la mettre en prison, alors on veut l'enfermer dans une prison non moins pénible pour elle : c'est une injustice et une iniquité et, sachez-le bien, si vous allez arrêter cette enfant innocente, vous me trouverez, moi son pasteur, sur le seuil de sa porte et il faudra que vous m'arrêtiez avant elle. »

Le ton ferme de l'abbé Peyramale, sa haute taille, son visage aux traits énergiques, son caractère bien connu, qui ne reculait jamais devant un devoir, assuraient au maire de Lourdes qu'il ferait ce qu'il disait et il avait trop de respect pour le saint curé si grand ami des pauvres, qu'il n'osa pas aller plus loin. Au moment où il se retirait la tête basse, l'abbé Peyramale dit encore :

— Je sais que Monsieur Jacomet va aussi, par ordre de Monsieur le préfet dépouiller la Grotte, dites-lui qu'il n'ait pas peur, qu'il n'aura pas besoin de son escadron de cavalerie ; que je réponds de mon peuple : je lui ordonnerai d'être calme et il m'obéira.

— J'enverrai ma démission, dit le maire en sortant du presbytère, je ne veux pas me charger d'arrêter Bernadette, et décidément, j'aime mieux me mettre mal avec les autorités de la terre qu'avec celles du ciel.

Mais, réflexion faite, le faible M. Lacadé demeura maire de Lourdes. Il tenait à son écharpe municipale.

Monsieur Lacadé savait bien, mes enfants, que l'abbé Peyramale ne craindrait rien pour accomplir un devoir et que le bon curé de Lourdes n'était pas un peureux, ni un poltron ; s'il lui en eût fallu une preuve, elle n'eût pas été difficile à trouver : il eût pu se souvenir du jour, ou plutôt de la nuit où s'était passé ce fait que M. Henri Lasserre a si bien raconté et qui vous intéressera j'en suis sûre [1].

« M. le curé de Lourdes était allé avec son vicaire et plusieurs de ses confrères, assister à l'inauguration d'un chemin de croix, dans un village voisin, situé dans la montagne à trois lieues environ de Lourdes ; il y dîna après la cérémonie. On était en hiver et au moment où l'abbé Peyramale et son vicaire allaient reprendre le chemin de leur paroisse, leur bâton ferré à la main, la nuit descendait déjà sur la montagne et avec elle la neige : une neige si abondante, qu'une couche épaisse en couvrît bientôt toute la terre.

Il est impossible que vous rentriez à Lourdes par ce temps-là, dit le curé de la paroisse, vous vous exposeriez aux plus grands dangers, vous ne pourriez reconnaître un des sentiers de la montagne et vous rouleriez dans le Gave ou dans quelque autre précipice, avec cela il doit être très difficile de marcher. Accep-

[1] Extrait de l'article de *la Quinzaine* : *le Curé de Lourdes avant les apparitions*.

tez donc, mon bon curé, mon hospitalité pour cette nuit, ainsi que votre vicaire.

« — Acceptons, M. le curé, dit le jeune prêtre fort effrayé, je crois que nous ferions une grande imprudence de nous mettre en route par ce temps-là.

« — Restez, mon ami, dit l'abbé Peyramale toujours plein de charité ; pour moi, c'est impossible, j'ai des malades en danger, il faut absolument que je rentre à Lourdes.

« — Ni les instances de son hôte, ni celles de son vicaire ne purent ébranler sa résolution.

« — Eh bien ! je partirai avec vous, dit alors le vicaire, je ne veux pas vous abandonner ainsi.

« Non, non, dit l'abbé Peyramale, vous ne me seriez d'aucun secours ; du reste, il est inutile de vous exposer sans nécessité ; pour moi, c'est mon devoir ; je connais bien mieux les chemins que vous, et j'ai le pied plus montagnard.

« Et jetant sur ses épaules son manteau râpé, s'armant de son bâton ferré, il partit. Le voyage n'était pas facile en effet, et l'abbé Peyramale était encore à une ou deux lieues de Lourdes quand il entendît marcher à petit pas derrière lui, il se retourna et vit à vingt mètres un loup énorme dont les yeux flamboyants annonçaient qu'il cherchait à souper ; l'abbé Peyramale ne se troubla pas, il se contenta de regarder de temps en temps en arrière pour surveiller la mine de son compagnon de voyage ; le loup restait à la même distance, s'arrêtant quand le voyageur s'arrêtait, reprenant sa route quand il se reprenait à marcher ; ils avaient fait ainsi un bon bout de chemin quand le bruit des pas de l'animal devînt plus lourd et M. le curé s'aperçut qu'un second loup, sortant affamé, lui aussi de sa tanière, était venu s'adjoindre au premier. L'abbé Peyramale se retourna brusquement et agita son bâton ferré ; il recommença plusieurs fois cet exercice, les loups ne bougèrent pas, n'avançant ni ne reculant.

Il n'était plus qu'à une centaine de mètres de la ville, quand un troisième vînt se réunir aux deux premiers qui, se sentant en forces, s'approchèrent si près du voyageur, que ces terribles animaux n'avaient plus qu'à faire un bond pour sauter sur lui, aussitôt que glissant sur la neige, comme ils l'espéraient sans doute, il tomberait à terre. L'abbé Peyramale vit le danger, la route était maintenant plate, large et sûre ; il se mit donc à marcher à reculons, fixant sur les loups son fier regard et brandissant sans cesse son gros bâton ferré. Enfin il arriva en ville, les loups y entrèrent avec lui. Un habitant de Lourdes, ayant ouvert sa porte, vit tout à coup le bon pasteur suivi de sa terrible escorte ; cet homme tenait une lumière à la main et poussait de si grands cris d'effroi que les loups, ne s'y fiant plus, s'enfuirent. « Oh ! n'ayez pas si grand'peur, mon pauvre ami, dit l'abbé Peyramale en riant, ces trois personnages sont très polis et ont voulu sans doute m'accompagner jusqu'à ma caverne, et les voici qui retournent à leur presbytère.

« On assura dans le pays, ajoute M. Henri Lasserre

Monsieur le curé rencontre des loups.

que si les loups avaient accompagné le bon curé, il les aurait sans doute transformés en agneaux. Ce qui voulait dire que personne ne pouvait résister à sa bonté. Il n'est donc pas étonnant, mes enfants, que M. le procureur et M. le maire ne se soient pas souciés de se mettre en lutte ouverte avec lui. »

Mais retournons à la Grotte où M. Jacomet ne recula pas, comme M. le maire, devant les ordres qu'il avait reçus.

Très heureux d'un côté, M. Jacomet était un peu inquiet de l'autre, car il se demandait comment allait être acceptée l'exécution qu'il avait à faire et il pensait, non sans un certain effroi, que la Grotte n'était pas très loin du Gave, dans lequel il n'avait point envie d'aller prendre un bain, et ne répondait pas de ce que ferait le peuple dans son mécontentement ; il y avait trop d'objets à la Grotte pour pouvoir les transporter à bras et le commissaire s'empressa d'aller demander des chevaux et un chariot à la poste.

— Je ne prêterai jamais mes chevaux pour une semblable besogne, dit le directeur, cela me porterait malheur.

— M. Jacomet insista, mais le directeur persista dans son refus, le commissaire se rendit alors dans tous les hôtels, chez les voituriers, partout il reçut cette réponse : « Nous ne voulons point prêter nos chevaux pour dépouiller la sainte Vierge, il nous arriverait malheur. » Et M. le commissaire, paré de son habit, ceint de son écharpe tricolore, se promena plusieurs heures de porte en porte, pâle, agité, ne pouvant trouver ni voitures, ni chevaux, et n'entendant derrière lui que des murmures ou des rires moqueurs.

— C'est trop fort, disait-on partout, la sainte Vierge nous fait l'honneur de descendre du ciel chez nous, elle nous fait cadeau d'une fontaine qui guérit nos malades, elle nous comble de bienfaits et, nous irions nous prêter à la dépouiller ; c'est déjà bien assez de ne pouvoir en empêcher, nous ne voulons pas que la faute retombe sur nous, tant pis pour ceux qui la commettent.

Le commissaire affolé pensa qu'en allant chez les pauvres et en leur offrant jusqu'à trente francs pour une si petite course, il obtiendrait enfin un véhicule quelconque et un cheval ou un mulet ; mais les pauvres ne voulurent pas plus que les riches coopérer à ce qu'ils regardaient comme un crime odieux et attirer sur eux la colère de Dieu, en se montrant si peu reconnaissants envers la Vierge Immaculée qui, dix-sept fois déjà, avait quitté son trône de gloire pour descendre au milieu d'eux. Cependant, après plusieurs heures de courses inutiles, M. Jacomet trouva des gens disposés à leur prêter pour trente francs, chevaux et voiture.

Ce n'étaient pas des pauvres pressés par le besoin. Quand le commissaire, qui s'était fait accompagner de plusieurs sergents de ville, descendit à la Grotte pour y accomplir son odieuse besogne, il était pâle, et semblait fort inquiet de ce qui aller se passer ; une foule nombreuse, silencieuse et profondément triste, y stationnait depuis longtemps déjà ; à l'arrivée du cortège de police suivi de la charrette, un murmure d'indignation, aussitôt réprimé, éclata dans cette multitude : on lisait la douleur et l'anxiété sur tous les visages. Jacomet commença par ramasser dans une sacoche tout l'argent qui avait été déposé par les pèlerins dans une corbeille d'osier à l'intention de la construction de la chapelle demandée par la sainte Vierge ; puis il se mit au déménagement des objets, la charrette n'avait pu approcher jusqu'à la Grotte et était restée à quelques mètres ; il fallut donc transporter à bras : cierges, chandeliers, vases et corbeilles de fleurs, statuettes, images, croix, chapelets, chaînes d'or, bijoux précieux. Une masse de bouquets en fleurs naturelles formait au pied du rocher béni une gerbe fleurie. Le commissaire ne voulut pas y laisser une fleur ; embarrassé d'un dernier bouquet, il voulut le jeter dans le Gave, mais un tel murmure éclata dans la foule que le commissaire, effrayé, réprima son premier mouvement; une statue de la Vierge s'étant brisée dans ses mains, une nouvelle explosion d'indignation se fit entendre : on sentait que tous ces cœurs froissés dans leur piété et leur reconnaissance pour la Mère de Dieu ne se contenaient qu'à grand'peine. Les pauvres sergents de ville, qui avaient été forcés de se prêter au dépouillement du petit sanctuaire, au fond duquel on entendait couler avec un doux murmure la fontaine miraculeuse où tant de malades avaient déjà trouvé la santé, étaient tristes et avaient des larmes dans les yeux ; il ne restait plus que la balustrade de bois construite par les ouvriers de Lourdes, deux ou trois coups de hache suffiraient pour la détruire. Tout près, devant le moulin de M. Laffitte, des ouvriers coupaient du bois, Jacomet vint à eux et leur demanda de lui prêter un instant leur hachette.

— Non, non, disent-ils tous, nos outils ne serviront point à votre vilaine besogne, Monsieur Jacomet, la sainte Vierge ne bénirait plus notre travail, cela ne nous porterait pas chance. Il s'en trouvait un à quelque distance des autres, moins ferme dans sa foi, qui, effrayé des menaces du commissaire, finit par consentir à lui donner ses outils ; bientôt la balustrade vola en éclats, alors la foule ne pouvant plus se contenir éclata menaçante, mais une voix s'écria au-dessus de toutes les autres :

— Du calme, du calme, mes amis, laissons agir, Dieu saura bien faire triompher notre cause qui est celle de sa Mère.

C'était le mot d'ordre du bon curé. Un douloureux silence se rétablit. Quand Jacomet et sa troupe eurent quitté la Grotte, on pria en cherchant à réparer l'outrage que l'on venait de commettre envers la Reine du Ciel, en redoublant de témoignages d'amour pour elle, et chaque jour la même foule des pèlerins continua à se rendre aux Roches Massabielle. Ne pouvant plus rien déposer à la Grotte, savez-vous ce que l'on faisait? on apportait chaque soir un cierge que l'on tenait à la main tout le temps qu'on priait et que l'on remportait avec soi. La Vierge si bonne, nous pouvons en être sûrs, bénissait ces pieux pèlerins qui lui demeuraient si fidèles malgré la persécution ; quant à la fille qui avait prêté chevaux et voiture à Jacomet, elle tomba le lendemain de la fenêtre d'un grenier à foin et se cassa une côte. Le même jour, l'ouvrier dont les outils avaient servi à démolir la balustrade eût les deux pieds écrasés par la chute d'un madrier. Tout le monde vit une punition dans ce double accident dont le commissaire se montra fort contrarié.

Bernadette n'avait point su de quel péril elle avait été menacée et ne s'était pas doutée que sans l'énergique dévouement du bon curé Peyramale, elle eût été enfermée avec de pauvres êtres privés de raison, dans une salle sombre et étroite comme une prison, à l'hôpital de Tarbes ; elle demeurait calme et joyeuse dans sa simplicité d'enfant ; confiante dans la puissance de la Reine du Ciel, elle ne s'inquiétait guère de la persécution des hommes, ne s'occupant, pendant le mois de mai, consacré au culte de Marie, si doux au cœur de son enfant privilégiée, qu'à se préparer avec toute la ferveur de son cœur au grand acte de sa première communion.

CHAPITRE XVI

PREMIÈRE COMMUNION DE BERNADETTE
ET DERNIÈRE APPARITION

Ce fut le 3 juin 1858 que Bernadette, confondue avec les plus pauvres enfants de Lourdes, s'approcha pour la première fois de la Table Sainte. Nous ne pouvons douter, mes chers enfants, que Notre-Seigneur entra les mains pleines de grâces et de bénédictions dans le cœur si pur et si simple de cette enfant, objet des complaisances de la très sainte Vierge, sa Mère, qui y avait fait croître les vertus si chères à Jésus : la pureté, la simplicité, l'humilité, l'obéissance. Bernadette, dans la joie de son âme, s'abandonna aux douces émotions de cette grande journée dans laquelle, nous devons le penser aussi, le père et la mère Soubirous furent spécialement bénis de Dieu pour la foi religieuse et l'honnête pauvreté au milieu de laquelle, sous le regard de Dieu, ils avaient élevé leurs enfants. Beaucoup d'entre vous, mes chers petits, n'ont point fait encore leur première communion ; qu'ils demandent à Bernadette, maintenant au Ciel, près de la Vierge Immaculée dont elle peut contempler sans cesse la rayonnante beauté, de leur obtenir la grâce de se préparer comme elle à ce grand acte qui décidera de leur bonheur ou de leur malheur éternel.

Sans doute, vous n'avez pas eu, comme elle, la grâce incomparable de voir dès ce monde et de causer cœur à cœur avec la Reine du Ciel ; mais combien d'autres grâces vous ont été faites, auxquelles vous ne songez peut-être pas ! d'abord, vous êtes nés chrétiens et catholiques de préférence à tant d'autres pauvres enfants qui naissent païens, idolâtres ou hérétiques ; si quelques-uns d'entre vous n'ont pas eu le bonheur d'apprendre de leurs pères ou de leurs mères à prier et à aimer Dieu, la Providence leur a fait trouver des maîtres qui le leur ont enseigné, et au catéchisme les instructions d'un prêtre dévoué. Vous savez donc tous que la très sainte Vierge vous aime, qu'elle est votre mère, et vous trouverez facilement à lui offrir chaque jour, à l'intention de votre première communion bien des actes d'amour ou de petits sacrifices que votre bon Ange écrira, en lettres d'or, sur le grand livre qui lui a été donné au jour de votre naissance et qu'il présentera au bon Dieu au dernier jour de votre vie ; tantôt ce sera une prière faite avec attention et piété, une complaisance pour un frère, une sœur ou une amie, un mouvement de mauvaise humeur réprimé, un jeu, une lecture amusante laissés de suite par obéissance à un appel de vos parents ou de vos maîtres, une friandise dont vous vous priverez, et mille autres choses que votre bon Ange, si vous l'écoutez bien, vous inspirera et qui se changeront en autant de petites fleurs parfumées pour orner votre cœur le jour où Jésus y descendra pour la première fois. Mais, revenons à Bernadette, si son âme avait grandi et s'était fortifiée dans les vertus son âge, son corps délicat ne s'était pas développé; fatiguée par l'asthme qui lui causait toujours une grande oppression, épuisée par les visites continuelles qu'elle recevait et qui l'obligeaient à parler sans cesse, elle devint si souffrante que Monseigneur de Tarbes en profita pour l'envoyer aux eaux de Cauterets renommées pour les maladies de gorge et de poitrine ; il pensait en même temps que l'absence de Bernadette de Lourdes calmerait un peu l'agitation de la population de plus en plus irritée de la persécution que continuaient à exercer la police et les autorités du département.

Par ordre de M. le Préfet, on ne pouvait plus approcher de la Grotte et le chemin des Roches Massabielle avait été barré, mais comme il se trouvait encore quelques personnes qui parvenaient à franchir les obstacles et à y arriver par des chemins détournés, M. le juge de paix, leur faisait faire aussitôt un procès-verbal et les condamnait à une amende de cinq à dix francs ; ce qui était le plus joli, M. le ministre, M. le préfet et même M. le procureur prétendaient que c'était pour défendre les intérêts de la religion qu'ils agissaient ainsi, assurant que ce qu'ils appelaient les prétendues apparitions, et toutes ces dévotions qu'ils nommaient superstitions de bonnes femmes, détruiraient dans la population de Lourdes la vraie religion ; c'était absolument comme si un loup, tout en croquant le plus bel agneau du troupeau, avait dit au berger : « Je te rends grand service, mon ami, en mangeant ce bel agneau qui peut-être eût été dévoré dans quelques mois. »

Dernière apparition de la sainte Vierge.

Le 16 juillet, fête du Mont-Carmel, Bernadette était de retour à Lourdes, et aux dernières heures du jour, elle se sentit intérieurement pressée de se rendre à la Grotte, et comme poussée par cette force à laquelle ne pouvait résister sa volonté et qui l'y entraînait, comme nous l'avons vu, pendant la quinzaine et toutes les fois que la Reine du Ciel devait lui apparaître. Heureuse et confiante, elle descendit à l'île du Châlet suivie d'une quantité de personnes ; elle arriva dans la prairie située de l'autre côté du Gave, en face de la Grotte, où grand nombre de pèlerins se trouvaient déjà réunis, ne pouvant approcher plus près à cause du barrage. Bernadette s'agenouilla de façon à voir de loin la niche de granit où dix-sept fois déjà la lumière radieuse et l'Apparition rayonnante de beauté dans sa blancheur immaculée avaient ravi ses yeux et son cœur. Presque aussitôt son visage s'éclaira, sa bouche s'entr'ouvrît, ses mains se croisèrent, ses yeux exprimèrent ce ravissement impossible à vous peindre : la Vierge était descendue du Ciel, et la foule regardait encore une fois avec admiration l'humble bergère de Bartrès dont le pâle visage n'était plus reconnaissable. La distance qui séparait Bernadette de la Grotte avait disparu pour elle et il lui semblait être à sa place accoutumée, au pied du rocher de granit; la Vierge lui apparaissait un peu au-dessus d'elle, là, tout près, lui souriant avec tendresse pendant que la petite fille la regardait avec tant d'amour. Aucune parole ne sortît de ses lèvres, mais à un instant elle inclina la tête comme pour dire à son enfant privilégiée, messagère de ses volontés sur terre « Au revoir », puis elle disparut et remonta dans les cieux. Cet « Au revoir » était un adieu, car Bernadette ne devait plus avoir, en ce monde, le bonheur de contempler la Reine du Ciel.

A la rentrée des classes, Bernadette Soubirous reprit son humble place sur l'un des derniers bancs de l'école des sœurs ; en voyant cette petite fille à l'aspect maladif, aux pauvres habits, lire à grand'peine une page de l'alphabet ou jouer à colin-maillard avec ses compagnes, aurait-on bien pu reconnaître l'enfant qui, quelques minutes après ou quelques heures auparavant, s'était vu entourée, vénérée par de nombreux visiteurs, parmi lesquels se trouvaient de grands noms de France, tant de prêtres et même d'évêques venus à Lourdes pour l'interroger et la voir.

Parmi ces évêques, on en cita un qui avait grande réputation de sainteté à cette époque, qui, ressentant une impression si vive devant cette enfant, sur le front de laquelle le tendre regard de la Reine des Anges venait de s'arrêter dix-huit fois, ne put contenir ses larmes et lui demanda de le bénir lui et son troupeau, pliant le genou comme si, dans un sentiment de foi, il allait s'agenouiller devant elle ; le curé de Lourdes se hâta de le retenir.

— Oh! Monseigneur, dit-il vivement, c'est à vous de bénir Bernadette et non pas à elle.

Et Bernadette qui s'était aperçue du mouvement du saint prélat, confuse et tremblante s'était déjà jetée à ses pieds.

Ce fut vers cette époque, que l'empereur vint aux bains de Biarritz avec l'impératrice; il était trop près de Lourdes pour ne pas entendre parler de tout ce qui s'y passait.

L'empereur parlait peu, il ne savait qu'agir, il écouta sans mot dire le récit de la persécution tramée par M. Jacomet, par le procureur, le préfet de Tarbes, et même son ministre, il apprit le mécontentement de la population de Lourdes, de celle de tout le département; et un jour qu'il avait eu l'occasion d'en entendre longuement parler, en rentrant dans son appartement, il donna un violent coup de sonnette; son valet de chambre arriva aussitôt.

« Portez de suite cette dépêche au télégraphe » dit l'empereur le sourcil froncé comme dans ses mauvais jours.

Cette dépêche, mes enfants, était à l'adresse du baron Massy, préfet de Tarbes, et elle arriva dans le cabinet du préfet une heure après, absolument comme si la foudre y entrant par la toiture, était tombée aux pieds de ce pauvre baron Massy ; voici ce qu'elle contenait :

L'empereur ordonne à M. le préfet de Tarbes, de laisser libre la circulation à la Grotte de Lourdes et d'y faire enlever tout ce qui s'y oppose par Monsieur le commissaire de police. »

« Signé : Napoléon. »

Comment, lui, le baron Massy qui avait ordonné l'arrestation de Bernadette, le dépouillement de la Grotte, le barrage des Roches Massabielle, lui, qui ne revenait jamais sur ce qu'il avait décidé, il fallait qu'il eût maintenant l'humiliation d'ordonner tout le contraire. Cependant, s'il n'obéissait pas à l'empereur, il perdrait probablement sa préfecture et il tenait à ses habits brodés, à ses appointements et à s'entendre longtemps encore appeler : monsieur le préfet. Aussi il allait et venait dans son cabinet, froissant avec rage le petit papier bleu entre ses doigts ; enfin il le glissa dans sa poche et se mit à écrire son embarras et sa colère à monsieur le Ministre ; monsieur le Ministre en écrivit à l'empereur, mais l'empereur ne céda pas, et une seconde dépêche de Biarritz vint de nouveau ordonner au malheureux préfet de rendre immédiatement aux habitants de Lourdes, comme aux pèlerins, la liberté de s'approcher de la Grotte et d'y déposer les objets de piété qu'il leur plaisait.

Il faut bien que je vous dise, més enfants, que ce n'était pas précisément par sentiment religieux, ni par dévotion à la sainte Vierge, que l'empereur prenait si chaudement les intérêts de Celle qu'on appelait déjà, dans toute la France : Notre-Dame de Lourdes ; il ne voulait pas surtout qu'on eût à se plaindre des autorités du pays, de son ministre et par suite, de son gouvernement. Mais, qui sait si la Mère de Dieu, si bonne, si généreuse n'aura pas quand même obtenu, pour celui qui s'était fait son défenseur, pour servir sa propre cause, le repentir des fautes de sa vie à son heure dernière et demandé grâce pour l'âme du prince coupable et malheureux.

Le 5 octobre 1858, M. Jacomet recevait donc du préfet l'ordre formel d'enlever, pour obéir à l'empereur, tous les barrages qui empêchaient d'approcher de la Grotte et de laisser les pèlerins libres d'y venir prier. Ce fut une grande joie à Lourdes, quand on apprit cette bonne nouvelle et bien vite, une foule immense se rendit aux Roches Massabielle à la suite du commissaire, qui avait pris, on ne sait pourquoi, ce jour-là, son grand costume de cérémonie et son écharpe aux trois couleurs; il était un peu pâle, mais cependant faisait contre fortune bon cœur. Grande fut la surprise de tout le monde quand on vit le loup, se couvrant une fois encore de la peau de la brebis, monter sur une pierre et parler ainsi : « Je suis bien heureux, mes bons amis, de pouvoir enlever des obstacles qui vous empêchaient de venir prier à la Grotte, je souffrais comme vous de n'y pouvoir venir à l'aise, car je suis religieux, moi aussi. » Un murmure d'indignation, devant tant de mensonges et d'hypocrisie, se fit entendre dans la foule. Le commissaire n'y prit pas garde, et continua à parler de ses regrets d'avoir été forcé de dépouiller cette Grotte qu'il aimait, de toutes les démarches qu'il avait faites, ainsi que Monsieur le préfet, pour obtenir la liberté de la population de Lourdes, de la joie qu'il éprouvait en ce beau jour. Il s'attendait à être couvert d'applaudissements et de bravos enthousiastes; il fut fort attrapé quand on ne lui répondit que par des haussements d'épaules et un silence qui lui prouvaient combien on méprisait sa fausseté et sa ruse de serpent. Il ne resta pas à Lourdes du reste, où personne ne pouvait plus le souffrir ; il fut envoyé dans une autre ville, à la recherche d'une bande de voleurs, ce qui était son principal talent ; mais je puis vous dire déjà que la sainte Vierge, toujours si bonne, lui accorda un repentir sincère et une mort chrétienne ; il en fut ainsi pour monsieur le préfet de Tarbes et le procureur impérial de Lourdes qui ne demeurèrent pas longtemps non plus dans le département. Les pèlerins se succédèrent donc nombreux à cette Grotte qui leur était si chère et qui venait d'être rendue à leur amour.

Les miracles continuaient toujours et tout le monde demandait pourquoi on ne commençait pas à bâtir la chapelle demandée par la Vierge Immaculée. Quelques-uns avaient dit que l'eau de la Fontaine miraculeuse ressemblait sans doute à ces sources nombreuses dans les Pyrénées, comme celles de Luchon, de Cauterets, de Barèges, où tant de malades vont chercher la santé ; mais ces eaux-là ne guérissent que certaines maladies et il faut les prendre pendant des mois pour en obtenir un peu de soulagement ; elles ne guérissent pas tout d'un coup, elles ne redressent pas les membres infirmes, ne font pas disparaître, en quelques minutes, les plaies et d'autres infirmités que les médecins ont déclaré ne pouvoir jamais guérir ; elles ne font pas voir les aveugles, ni entendre les sourds, et l'eau de la Fontaine de Lourdes ne contenait rien, assuraient les savants qui l'avaient examinée, qui puisse même soulager le moindre mal, si la sainte Vierge ne lui eût pas donné le pouvoir de guérir les maladies même les plus désespérées.

Vers le milieu de novembre, Monseigneur de Tarbes, pressé par le bon curé de Lourdes, envoya plusieurs prêtres, des plus saints et des plus savants de son diocèse, pour examiner Bernadette et entendre de sa bouche, le récit des apparitions. Il ne s'agissait plus pour l'humble enfant de défendre la cause de la Reine du Ciel devant des impies ou des incroyants, aussi ce fut avec joie qu'elle se prêta avec sa simplicité ordinaire, à cet examen ; tous ces prêtres furent émus en l'écoutant et revinrent étonnés de tant de candeur et de simplicité dans cette enfant favorisée de si grandes grâces du Ciel. Ils visitèrent à Lourdes tous les malades guéris par l'eau miraculeuse, puis ceux des départements voisins et revinrent à Tarbes, assurer à Monseigneur Laurence, qu'il était temps de dire hautement à ses diocésains :

« Vous pouvez le croire : oui, la Reine du Ciel vous a choisi pour son peuple béni, c'est bien elle qui est descendue parmi vous et bientôt vous pourrez aller invoquer Notre-Dame de Lourdes, dans cette chapelle qu'elle a demandée elle-même. »

La joie de Bernadette fut grande et celle du bon pasteur déborda toute entière de son cœur ardent.

CHAPITRE XVII

LA GROTTE SE TRANSFORME

Pendant les cinq années qui suivirent, mes chers enfants, de grands travaux se firent aux Roches Massabielle et bien des changements eurent lieu à la Grotte. De vrais régiments d'ouvriers, travaillaient sans cesse à en rendre les abords plus faciles aux pèlerins, qui y venaient toujours en foule ; on avait repoussé plus loin le ruisseau du moulin, éloigné aussi le cours du Gave, et tracé un grand et beau chemin qui conduisait de Lourdes aux Roches Massabielle ; les sentiers de la montagne avaient été rendus moins à pic et moins rocailleux. Il fallait voir au milieu de la bande des travailleurs le bon curé de Lourdes, dont la haute taille les dominait tous, le visage rayonnant de joie, allant, venant pressant, ranimant tous les courages et ne dédaignant pas parfois de prendre la pioche ou la brouette ; sans cesse, il pensait à ce message que la Reine du Ciel lui avait envoyé, à lui, pauvre prêtre, à la grâce qu'elle lui avait faite en le chargeant directement de travailler à sa gloire, et il soupirait après ce jour où il pourrait, la croix et la bannière en tête, conduire selon le désir de la Vierge Immaculée, cette foule nombreuse, en procession solennelle à la Grotte bénie.

Comme je vous l'ai dit, elle avait déjà bien changé cette Grotte ; une grille de fer en protégeait l'entrée, des centaines de cierges y brûlaient chaque jour et une lampe d'or, suspendue à la voûte de pierre, y était allumée nuit et jour ; au-dessus du rocher se creusaient déjà les fondations de la Basilique, car ce n'était pas une simple chapelle que M. le curé de Lourdes avait voulu faire élever à la gloire de la Reine des anges, devenue sa paroissienne, pendant dix-huit jours, comme il le disait avec émotion et quand l'architecte lui montra le premier plan d'une jolie chapelle, il fut fort étonné de voir le bon curé, rouge d'indignation, en déchirer le dessin et le lancer dans le Gave.

— Allons donc, dit-il, ce n'est pas ce petit sanctuaire qui doit s'élever ici, il n'est pas proportionné à la grandeur de la Reine du Ciel ni à ses bienfaits ; j'aurais honte de lui offrir ce petit rien du tout ; cherchez dans votre tête, Monsieur l'architecte, quelque chose de mieux que cela. Et il expliqua ce qu'il désirait.

— Mais, Monsieur le curé, dit l'architecte avec surprise, il faut des millions pour construire cela sur ces rochers.

— Eh bien ! répondit l'abbé Peyramale, croyez-vous qu'il soit plus difficile à la sainte Vierge de me les faire trouver, si telle est sa volonté, que de faire jaillir une source d'eau vive d'un rocher, sous les doigts d'une enfant ? Allons donc, ne manquons ni de confiance ni de foi.

Quelques mois après on commençait, comme je vous

l'ai dit, à construire cette belle église, qui est maintenant une basilique, dont vous avez sans doute, tous entendu parler.

Ce fut le 4 avril 1864 qu'eût lieu la première procession descendant de Lourdes aux Roches Massabielle ; ce jour-là, on plaçait à la Grotte, dans la niche de pierre au bord de laquelle, dix-huit fois, la Mère de Dieu était apparue à Bernadette, une belle statue de marbre blanc, représentant l'Apparition et dont le costume, la pose et les traits avaient été sculptés sur les indications de Bernadette même. Le temps était superbe, toutes les maisons de Lourdes étaient pavoisées d'oriflammes et ornées de fleurs. La procession, se composant de soixante mille personnes, se déroula au milieu de la verdure et des guirlandes fleuries ; Monseigneur de Tarbes était en tête, bénissant d'une main, et de l'autre s'appuyant sur sa crosse d'or ; puis autour de lui, venaient ses grands vicaires, et enfin quatre cents prêtres en surplis, quantité de religieuses de tous les ordres, une nombreuse suite de jeunes filles, Enfants de Marie de Lourdes, vêtues de blanc et portant toutes une ceinture bleue en souvenir de l'Apparition ; puis une quantité prodigieuse de monde : riches, pauvres, vieux ouvriers, soldats, nobles ou bourgeois ; quantité de messieurs la tête découverte et d'officiers en grande tenue ; on chantait des cantiques, la musique des régiments de Tarbes et de Lourdes jouait de temps en temps une marche triomphale. Vous pensez que tout le monde cherchait, parmi les prêtres qui entouraient Monseigneur, le curé de Lourdes, qui devait ce jour-là, goûter une joie si grande, et à la tête des Enfants de Marie, la douce Bernadette, dont le visage devait rayonner de bonheur. Mais, vous allez être bien étonnés, mes enfants, on ne put y apercevoir ni M. le curé Peyramale, ni Bernadette ; la sainte Vierge ne permit pas qu'ils jouissent de cette belle journée.

Ce n'est pas sur cette terre que les âmes saintes doivent goûter de si grandes joies : elles leur sont réservées mille fois plus grandes encore en Paradis. Le bon curé de Lourdes était retenu sur son lit par d'atroces souffrances, il était veillé jour et nuit par deux sœurs garde-malades ; ce fut de ce lit de douleur qu'il se réjouit de voir Notre-Dame de Lourdes ainsi glorifiée. Quant à Bernadette, fort malade elle-même, elle n'avait pu être soignée chez ses parents, demeurés volontairement dans la plus grande pauvreté, elle était étendue sur un lit d'hôpital entourée des malades indigents de la ville.

Peut-être la sainte Vierge ne voulut pas qu'elle parût ce jour-là, où ces soixante mille personnes l'auraient certainement cherchée, entourée, vénérée ; elle ne voulut pas non plus, qu'elle pût entendre son nom prononcé du haut de la chaire, avec le plus grand respect par Monseigneur de Tarbes. Oh ! comme elle était jalouse de garder à son enfant cette modestie, cette humilité qui avaient attiré sur elle tant de grâces de Dieu.

M. le curé Peyramale guérit, et pendant bien des années encore on le vit, au milieu de son troupeau, plein de zèle et de charité, se dépenser corps et âme, à la gloire de Notre-Dame de Lourdes.

 La basilique s'éleva fière et superbe, bientôt, on put dire la messe à plusieurs des autels de l'église souterraine dont la basilique formait un second étage. Quant à Bernadette, sa santé se remit aussi, mais elle conserva toujours l'aspect d'une enfant ; pendant plusieurs années elle continua à suivre la classe des sœurs, et aux heures où il venait d'ordinaire le moins de pèlerins à la Grotte, on pouvait y voir venir une petite paysanne pauvrement vêtue, au visage pâle et maladif, mais dont les grands yeux bruns avaient une expression particulière de modestie et de douceur qui charmait tous ceux qui la voyaient ; on se sentait attiré vers cette jeune fille si simple, qui priait avec tant de ferveur, à la place la moins en vue, mais non loin de la grille de la Grotte miraculeuse ; beaucoup passaient près d'elle sans savoir qu'elle se nommait Bernadette Soubirous. Mais, si la pauvre bergère de Bartrès, avait refusé l'or, l'argent, la fortune, et même de changer ses misérables habits pour habiter dans la riche famille qui avait voulu l'adopter pour fille, c'est qu'elle avait au cœur une ambition plus grande : elle voulait être tout à Dieu, et devenir son épouse ; mais, dans son humilité, elle se demandait si elle n'était pas indigne d'une telle faveur et quel serait le couvent qui aurait la charité de la recevoir, elle qui n'était vraiment bonne à rien.

 Dans son embarras elle consulta sa divine Mère du Ciel qui, bien qu'elle ne se montrât plus visiblement à son enfant chérie ne cessait de veiller sur elle ; sans doute elle entendit au fond de son âme la réponse de la Vierge Immaculée, et un jour, encouragée par son confesseur, elle vint se jeter aux genoux de la Mère Rogues, supérieure des religieuses de Nevers qui tenaient à Lourdes l'hôpital et les classes gratuites, la suppliant de la recevoir comme postulante ; la mère Rogues, ouvrit avec émotion et une grande joie ses bras à la fille bien-aimée de la Reine du Ciel et la mit de suite à commencer à Lourdes son postulat qui devait durer une année.

Pendant un an, elle se dépensa à l'hôpital de Lourdes, à aider les sœurs aux soins des malades ou à l'instruction des enfants ; puis un matin du mois de juillet 1866, on la vit comme autrefois, descendre dès l'aube aux Roches Massabielle et venir s'agenouiller à la place qu'elle occupait pendant ses apparitions ; de grosses larmes s'échappaient de ses yeux ; elle pria longtemps, puis se relevant, vint coller ses lèvres sur le rocher de granit au pied de la niche, où, dix-huit fois elle avait eu l'incomparable bonheur de contempler la Mère de Jésus, elle jeta un dernier regard autour d'elle, s'approcha de la Fontaine, but de l'eau miraculeuse qui avait jailli sous sa main, s'en baigna le visage et retourna vers Lourdes sans détourner la tête. Elle venait de dire un dernier adieu à la Grotte, de faire le sacrifice de ne plus la revoir.

Après avoir reçu une dernière bénédiction de ses parents et du vénérable pasteur de Lourdes, elle partait pour le couvent de Saint-Gildard, à Nevers, où elle allait prendre le saint habit et commencer sa vie religieuse.

CHAPITRE XVIII

SŒUR MARIE-BERNARD

Bernadette était devenue sœur Marie-Bernard, et dans sa longue robe noire et sous son voile blanc, elle avait encore l'air d'une enfant, elle n'avait rien perdu du reste de sa gaieté, de sa simplicité ; sans cesse, on accourait à Saint-Gildard, non seulement des environs de Nevers, mais de toute la France pour voir l'enfant privilégiée de Marie, tandis que Bernadette ne demandait qu'à se cacher et à être oubliée, les visites au parloir lui devenaient un supplice.

« [1] Un jour qu'elle se sauvait à toutes jambes, ayant vu arriver plusieurs dames qui la demandaient, elle rencontra une autre religieuse : « Mon Dieu, dit-elle, avec une légère impatience, on vient me voir comme on va à la foire voir une bête curieuse. Après tout, ajouta-t-elle en retournant vers le parloir, qu'est-ce que cela fait si je suis la bête du bon Dieu ?

[1] *Bernadette, Sœur Marie-Bernard. La vie cachée*, par M. Henri LASSERRE)

« Une autre fois, se trouvant à la porterie, un visiteur inconnu lui demanda :

— Ma sœur, ne pourrait-on pas voir sœur Marie-Bernard ?

— Non, c'est impossible, répondit-elle, et elle s'enfuit.

— Un autre jour encore, des dames, venues de loin pour la voir n'ayant jamais pu obtenir de la supérieure, la permission de lui parler, demandèrent à Bernadette elle-même sans la connaître :

— Ma sœur, nous voudrions bien voir Bernadette, dites-nous donc où elle se met à la chapelle, pour que nous puissions l'approcher et la regarder.

— Elle ne se mettra pas aujourd'hui à sa place accoutumée, dit la sœur avec le sang-froid qu'elle possédait autrefois lorsqu'elle répondait au commissaire et au juge d'instruction. »

Comme je vous l'ai dit, mes enfants, la Vierge Immaculée avait assuré à Bernadette qu'elle serait heureuse pendant toute l'éternité, mais elle ne devait pas lui épargner la souffrance en ce monde ; la souffrance n'est-elle pas le partage des saints sur la terre, et la plus grande preuve de l'amour de Notre-Seigneur pour une âme, puisqu'elle est le gage du salut qu'il a promis à ceux qui porteraient la croix dans ce monde après lui ? La croix de la pauvre Bernadette, jusqu'à la fin de son exil sur la terre, était celle d'une pauvre santé, qui, sans cesse la retenait à l'infirmerie.

Bernadette, n'était pas, comme on a voulu le faire croire, d'une nature indifférente, un peu molle, un peu vieillotte, elle était vive au physique et au moral, aimant à marcher, à aller, à venir, à courir même, et les grands personnages qui venaient à Saint-Gildard pour la voir étaient fort surpris, quand on leur montrait de loin, cette jeune religieuse, qui avait le visage d'une enfant, prenant ses ébats dans le jardin du noviciat ; mais, quand la cloche avait annoncé la fin de la récréation, on la trouvait grave et recueillie, prosternée au pied du Tabernacle ou de la statue de Marie, priant avec la ferveur d'un ange. Si sœur Marie-Bernard aimait le mouvement, elle aimait aussi ardemment le travail.

— Oh ! disait-elle à une de ses sœurs, pendant qu'elle était encore retenue dans son fauteuil à l'infirmerie, que vous êtes heureuse de pouvoir travailler, soigner les malades, faire la salle d'asile aux petits enfants ; j'aurais tant aimé tout cela ! Mais le bon Dieu n'a pas arrangé ma vie comme je l'aurais voulu, et me voilà inutile et bonne à rien ; enfin c'est lui qui le veut, et je ne dois pas vouloir autre chose. Mais faisons un commerce : abandonnez-moi un peu du mérite de votre travail, et je vous donnerai tout celui de mes souffrances trois jours par semaine. »

La bonne sœur ne demandait pas mieux que de faire avec Bernadette cet arrangement et le marché fut conclu. Malgré toute la peine de sœur Marie-Bernard de ne pouvoir travailler comme elle l'aurait voulu, près de ses chers malades qu'elle aimait tant, car ils étaient pour elle l'image de Notre-Seigneur souffrant, et des petits enfants dont la candeur et la simplicité allaient si bien à son caractère, elle demeurait, pendant ses longs mois de souffrance, douce, aimable, souvent même gaie et rieuse, se faisait tendrement aimer de sa supérieure et de toutes les religieuses de la maison.

« Ah ! disait une novice, que je voudrais donc ressembler à sœur Marie-Bernard, elle ne va pas au ciel, elle y court ! »

Que se passait-il, mes chers enfants, pendant que Bernadette édifiait le couvent de Saint-Gildard ? L'Église catholique était persécutée, le saint pape Pie IX était abreuvé de chagrins et prisonnier à Rome dans son palais ; les Français l'avaient abandonné et renoncé à l'honneur de le défendre, ce qui ne leur porta pas bonheur ; puis vînt pour la pauvre France cette affreuse guerre avec la Prusse, dont vous avez tous entendu parler, et qui nous a enlevé l'Alsace et la Lorraine, a fait verser le sang de pauvres soldats, a fait pleurer tant de femmes et de mères et coûté tant de millions. Puis, quand la guerre avec la Prusse a été finie, il y a eu la guerre civile à Paris : les Français se sont battus entre eux, le peuple de Paris, poussé par des hommes ambitieux et sans foi, a commis le crime de mettre en prison, puis d'assassiner son archevêque, Mgr Darboy, et de saints religieux qui s'étaient dévoués à suivre les soldats sur les champs de bataille pendant la guerre, pour les soigner, les consoler, les aider à mourir ; ils assassinèrent aussi de bons prêtres comme M. Deguerry, curé de la Madeleine, qui, pendant sa longue vie n'avait fait que du bien. Enfin quand la guerre fut finie, on était fort triste en France, et notre pauvre patrie songea dans son découragement qu'elle était le royaume de Marie et qu'elle avait au ciel une puissante protectrice ; alors, tous les regards se tournèrent vers Notre-Dame de Lourdes ; on organisa de Paris et des départements de grands pèlerinages qui n'ont jamais cessé depuis et deviennent toujours de plus en plus nombreux.

Enfin en 1876, il y eut à Lourdes une cérémonie comme jamais il ne s'en était vu sur terre et qui donna un avant-goût des joies du ciel : ce fut le couronnement solennel de Notre-Dame de Lourdes ; le représentant du pape en France que l'on appelle le nonce, devait poser sur le front royal de la Vierge Immaculée, la couronne d'or que lui décernait le Souverain Pontife ; trente six évêques et archevêques prirent part à cette fête à laquelle soixante-dix mille pèlerins accourus des points les plus reculés de la France, se joignirent ; toutes les rues de Lourdes étaient garnies de feuillage, toutes les maisons étaient pavoisées et ornées de verdure et de fleurs ; les musiques militaires des régiments voisins se succédaient sans interruption sur la place de Lourdes, et dans la Basilique déjà tapissée de plaques de marbres, sur lesquelles se lisaient en lettres d'or les mots : Reconnaissance, Magnificat, Merci, Gloire à Marie, qui disaient à tous, les bienfaits de la Vierge Immaculée, qu'attestaient aussi les nombreuses béquilles suspendues aux murs, les épaulettes de soldats ou de généraux, des croix de la légion d'honneur, des bouquets de mariées, des cou-

Couronnement solennel de Notre-Dame de Lourdes.

ronnes de première communion ; à chaque pilier flottaient les bannières envoyées par les différents départements de la France et portant leur nom en lettres d'or ; on ne pouvait y remarquer sans émotion celle de l'Alsace et de la Lorraine voilées de crêpe noir. Oh ! mes enfants, jamais ceux qui ont assisté à ces jours de fêtes sans pareilles, ne pourront oublier l'instant où le représentant du Pape posant le diadème d'or sur le front de la Vierge bénie, soixante-dix mille voix s'écrièrent ensemble : « Vive Notre-Dame de Lourdes, gloire à Marie ! » et combien grande fut l'émotion quand l'évêque de Poitiers, les yeux fixés vers le royaume céleste s'écria d'une voix émue : « Oh ! Vierge Immaculée, n'êtes-vous pas satisfaite, vous avez demandé qu'on vînt nombreux, vous honorer ici ; nous sommes soixante-dix mille à vos genoux, trente cinq évêques et archevêques ont quitté leurs diocèses pour venir vous consacrer leur personne et leur peuple. Souriez-donc encore à cette foule immense de fidèles, de prêtres et de pasteurs, que vos mains pleines de grâces se lèvent pour nous bénir. »

Vous regretterez sans doute, mes enfants, que Bernadette n'ait pas joui de ces fêtes splendides ; mais ce qu'elle avait fui dans son humilité, c'était précisément la lumière et le bruit qui se seraient faits autour d'elle ; voilà pourquoi elle avait dit adieu à cette Grotte bénie, si chère à son cœur et où elle ne manquait jamais de revenir chaque jour, faire par la pensée, un pieux pèlerinage.

Quand la supérieure générale vint à Lourdes pour le

sacre de Mgr de Nevers, qui devait avoir lieu à la basilique, elle dit à Bernadette :

— Voulez-vous venir avec moi à Lourdes, sœur Marie-Bernard ?

— Non, non, dit avec vivacité la jeune religieuse, merci, ma mère, mais si j'étais petit oiseau !...

Ce n'était pas pour y voler plus vite, que Bernadette désirait être petit oiseau, mais bien, parce qu'elle aurait alors pu se cacher sous la feuillée et tout voir sans être vue de personne. Quand après ces belles fêtes du couronnement de Notre-Dame de Lourdes, dont je viens de vous parler, un vénérable prêtre de Nevers, qui y avait assisté vînt la voir, et lui raconter, avec beaucoup d'émotion tout ce qu'il avait vu, Bernadette l'écouta les mains jointes, et avec un ravissement qui se peignait sur son visage et dans ses yeux qui avaient gardé, comme tout le monde ne pût s'empêcher de le remarquer, une expression de douceur et de joie célestes depuis qu'ils s'étaient dix-huit fois fixés sur l'incomparable beauté de la Reine des Anges. Quand le vénérable prêtre eût fini le récit de la journée du 2 juillet, il s'écria :

— Ah ! sœur Marie-Bernard, que vous eussiez été heureuse, si vous aviez été là ! Que vous y manquiez !

— Moi, dit-elle avec surprise, et qu'aurais-je fait, mon Dieu, au milieu de tout ce monde ? J'étais bien mieux dans mon petit coin.

Être dans un petit coin, était toute l'ambition de Bernadette. Hélas ! mes enfants, que nous lui ressemblons peu ! Combien nous serions fiers, si un grand personnage, même un souverain de ce monde nous faisait l'honneur de venir nous visiter plusieurs fois, qu'il nous montrerait de l'amitié et de la préférence; nous ne serions pas fâchés que tout le monde sût qu'il nous a accordé ses faveurs et peut-être serions nous assez vaniteux pour en faire un peu, comme l'on dit communément, nos embarras et croire que nous sommes un personnage important, et pourtant le plus grand des souverains de la terre, est un homme né comme nous avec la tache du péché originel; sujet comme nous aux infirmités, à la maladie et à la mort; et si pendant sa vie il n'a pas été fidèle à Dieu et soumis à ses lois, il sera pour toujours banni du royaume céleste.

Quant à Bernadette, bien qu'elle ne parlât jamais de Lourdes et des apparitions sans être questionnée, et qu'elle gardât soigneusement, dans son cœur, le secret des grâces qu'elle avait reçues, de ce qu'il lui avait été donné de voir, ce secret lui échappa un jour comme malgré elle. Une religieuse en revenant du parloir voir sa famille qui arrivait de Lourdes, lui dit:

— Ah! sœur Marie-Bernard, que de belles choses on voit à Lourdes, que de fêtes superbes! Et dire que vous n'êtes pas là pour les voir.

— Oh! s'écria Bernadette, dont le regard s'éclaira soudain d'une joie profonde, j'ai vu plus beau que tout cela!

Puis elle devint toute rougissante, regrettant d'avoir laissé deviner à sa compagne quelque chose de la beauté du spectacle incomparable dont ses yeux et son âme avaient joui autrefois.

CHAPITRE XIX

DERNIÈRES ANNÉES DE BERNADETTE

Je vous ai dit, mes chers enfants, que le parloir était pour Bernadette un vrai supplice, en dehors de sa famille qui vînt quelquefois la visiter à Nevers, ou du moins ses frères et sœurs, car sa mère avait été rappelée à Dieu le 8 décembre, fête de l'Immaculée Conception de la très sainte Vierge, comme si la Mère de Dieu avait voulu couronner ce jour là-même, dans la gloire, la femme chrétienne qui avait eu le bonheur d'être ici-bas la mère de l'enfant privilégiée de Celle qui s'était nommée elle-même l'Immaculée Conception. Son père était mort depuis en fervent chrétien. En dehors des siens, de ses compagnes de Lourdes qu'elle aimait toujours à revoir, il n'y avait vraiment que pour trois personnes que Bernadette courût au parloir avec joie : M. l'abbé Pomian, qui avait été longtemps le confident de son âme, et l'avait préparée à sa première communion, M. Henri Lasserre qui, après avoir eu les yeux guéris par l'eau de la Fontaine miraculeuse, avait écrit cette histoire de Lourdes, que je vous raconte, qui a été traduite en vingt-sept langues différentes, et qui a été répandue dans tout l'univers ; mais c'était surtout pour l'abbé

Peyramale que Bernadette volait au petit salon où le curé des apparitions l'attendait le cœur ému.

Depuis le jour où la Vierge Immaculée l'avait envoyée vers lui, elle avait mis entre le saint prêtre et la pauvre petit enfant, devenue l'ambassadrice de ses volontés, un lien qui ne s'était jamais rompu. Avec quel bonheur elle parlait avec lui des jours de grâces où elle allait lui faire les commissions de Celle qu'elle appelait encore la Dame ; avec quelle consolation elle écoutait le récit que le bon curé lui faisait, des changements qui s'étaient opérés depuis à la Grotte, de ces beaux pèlerinages sans fin, de ces touchantes cérémonies qui donnaient un avant-goût du ciel, des miracles toujours si nombreux ; puis le bon curé lui racontait ses peines, car il avait souvent bien des difficultés dans son ministère ; Bernadette lui parlait de sa vie religieuse et tous deux se quittaient consolés, fortifiés dans l'amour de Dieu, dans le zèle pour le salut des âmes et la conversion des pécheurs si chers à Notre-Dame de Lourdes.

Ce fut une grande joie pour sœur Marie-Bernard, quand à l'une de ses visites, M. Henri Lasserre lui apprit que le pape Léon XIII voulant reconnaître et récompenser le zèle infatigable et tout le dévouement du bon curé de Lourdes à la gloire de la Vierge Immaculée, venait d'envoyer au curé des apparitions, une marque sensible de sa paternelle affection et de toute son estime, et de lui conférer un titre et des pouvoirs qui lui donnaient le droit d'être appelé Monseigneur et de porter les insignes épiscopaux.

Bernadette rit de bon cœur en apprenant combien avait été grand le mécontentement du bon curé, quand on était venu lui annoncer cette faveur qui mettait son humilité au supplice, et qu'on avait réussi à lui faire accepter en usant de ruse.

« Pauvre Monsieur le curé, finit par s'écrier Bernadette, je suis bien heureuse de le voir ainsi honoré comme il le mérite si bien, mais je le plains de toute mon âme. » Ce fut un coup de foudre pour Bernadette quand le 6 septembre 1877, elle reçut de Lourdes la dépêche lui apprenant que Mgr Peyramale était au plus mal et qu'il fallait beaucoup prier pour lui ; l'âme remplie d'angoisses elle ne quitta pas la chapelle, suppliant le Dieu du Tabernacle et l'Immaculée Conception de prolonger des jours si précieux pour le troupeau du vénéré pasteur, mais l'heure était venue où la Reine de tous les saints voulait couronner son fidèle serviteur et le lendemain, à la veille de la naissance de la Mère de Jésus, une nouvelle dépêche apprit à la pauvre sœur Marie-Bernard que le saint prêtre, qui l'avait si vaillamment soutenue dans ses jours d'épreuves était parti pour le ciel. A cette nouvelle un cri étouffé s'échappa du cœur de sœur Marie-Bernard. « Ah ! M. le curé ! » s'écria-t-elle, et elle tomba à genoux suffoquée par la douleur. Sans doute, mes enfants, la sainte Vierge avait fait connaître à Bernadette qu'elle ne quitterait pas ce monde avant le curé de Lourdes ; toutes les fois que jusque-là elle avait été assez malade pour que l'on craigne de la voir mourir et qu'on ait cru devoir s'empresser de lui donner les derniers sacrements, elle avait dit en souriant avec beaucoup d'assurance : « Ne vous inquiétez donc pas, je ne vais pas mourir encore, il vous faudra me supporter plus longtemps que cela. »

Aussitôt la mort de M*gr* Peyramale, elle ne parla plus ainsi et sembla penser au contraire qu'elle irait bientôt le rejoindre en Paradis ; du reste, sa santé devenait de plus en plus mauvaise. Ses supérieures admiraient les progrès qu'elle faisait dans la vertu, conservant toujours dans les plus cruelles souffrances, cette patience et même cette aimable gaîté qui étaient un des grands charmes de son caractère ; elle avait aussi une bonté de cœur qui lui faisait prendre une grande part aux peines de ses sœurs, aussi toutes avaient pour elle la plus sincère affection. Quelquefois on pouvait même croire que le bon Dieu lui faisait intérieurement connaître ce qui se passait dans le cœur de ses compagnes. Ainsi, un jour, l'une d'elles étant venue lui tenir un instant compagnie à l'infirmerie, Bernadette lui dit tout à coup :

— Que vous êtes triste, ma pauvre sœur, vous avez de bien grandes peines.

— Oui, de grandes en effet, répondit la religieuse, priez beaucoup pour moi, sœur Marie-Bernard.

— Bien volontiers, dit Bernadette, avec sa bonté habituelle.

— Puis elle demeura silencieuse et recueillie ; au bout d'un instant elle reprit : « Si vous écriviez à votre famille ? » Et elle fit à la religieuse bien étonnée, vous le pensez, plusieurs réflexions, lui donna des conseils, touchant un chagrin de famille, dont la religieuse n'avait absolument parlé qu'au bon Dieu; celle-ci écrivit à sa sœur les conseils qu'elle avait reçus de Bernadette et l'union fut rétablie dans cette famille troublée, à la grande joie de la pauvre sœur X...

Quelque temps après, une autre religieuse avait un beau-frère, fort impie, qui ne voulait jamais mettre les pieds à l'église ; c'était un grand chagrin pour sa femme et sa fille, surtout pour cette dernière qui était très pieuse et enfant de Marie. Bien des fois, elle avait prié sa tante de recommander son malheureux père aux prières de sœur Marie-Bernard. Un soir, c'était pendant le mois de Marie, et Mme et Mlle X... furent bien surprises en entendant le pauvre impie dire : « Je veux aller au mois de Marie avec vous ce soir. » La sainte Vierge commençait-elle à toucher le cœur du pécheur endurci? Mais quelques minutes après, il tombait frappé d'une rupture au cœur. Vous pensez combien fut grand le chagrin de sa femme et surtout de sa fille ; reverrait-elle jamais son père ? avait-il eu le temps de jeter un cri de pardon vers le Ciel, la Vierge Marie qu'il avait voulu aller honorer ce soir-là, lui avait-elle obtenu la grâce d'avoir le temps en se sentant mourir, de faire un sincère acte de contrition de toutes les fautes de sa vie, ou avait-il été précipité dans les abîmes éternels?

Sans cesse, la pauvre enfant se posait cette question, et sans cesse écrivait ses angoisses à sa tante la religieuse, la suppliant de demander à sœur Marie-Bernard si elle pouvait espérer le salut de son père, mais la religieuse se disait: « Ma pauvre nièce devient folle, comment veut-elle que sœur Marie-Bernard puisse lui répondre à une pareille question? Jamais du reste je n'oserai la lui faire, c'est pour le coup qu'elle se sauverait en riant. »

Un jour elle rencontra Bernadette dans un corridor.

— Eh bien! ma sœur, comment vont vos pauvres affligés? demanda l'enfant privilégiée de Marie.

— Oh! ne m'en parlez pas, dit la religieuse, les larmes aux yeux, ma pauvre nièce devient folle. L'incertitude qu'elle a du salut de son père lui porte au cerveau et elle m'a écrit des choses que je n'oserais vous dire.

— Et pourquoi dit Bernadette ; racontez-moi cela au contraire, pauvre petite, je prierai pour elle.

— Eh bien, elle veut absolument que vous lui disiez si son père est sauvé ou damné.

— [1] Ah! vraiment dit Bernadette avec une profonde surprise.

Elle sourit et haussa les épaules d'un air de pitié. Mais au bout d'un instant, fermant tout-à-coup à demi les yeux, elle resta un moment silencieuse comme dans un grand recueillement.

— Eh bien! dit la sœur qui la regardait à son tour, que faut-il que je lui dise?

— Vous lui direz, répondit Bernadette d'un ton

---

[1] *Bernadette. sœur Marie-Bernard, La vie cachée*, par M. Henri LASSERRE.

assuré et sérieux, que son père ira au ciel. Et elle s'enfuit.

La religieuse s'empressa d'écrire à sa nièce la réponse de sœur Marie-Bernard; la jeune fille retrouva le calme et la confiance et ne douta jamais que la sainte Vierge n'ait dicté à l'enfant de son cœur cette parole consolante.

CHAPITRE XX

MORT DE BERNADETTE

A la fin de novembre 1878, Bernadette fut admise à la grâce de prononcer ses vœux perpétuels.

« Je suis maintenant, disait-elle, le visage rayonnant de joie, l'épouse de Jésus crucifié, pour le temps et l'éternité. Sans doute, Notre-Seigneur la trouvait déjà mûre pour le ciel, mais il voulût pourtant qu'elle y méritât une place plus haute et peut-être aussi qu'elle souffrît davantage pour la conversion des pécheurs, en lui envoyant quatre mois de cruelles souffrances. Bientôt elle ne pût plus du tout quitter l'infirmerie et le plus souvent son lit ; une toux continuelle déchirait sa poitrine, l'oppression la rendait souvent haletante et la carie de ses os lui causait de si vives souffrances qu'elle ne pouvait faire un seul mouvement sans défaillir de douleur, mais toujours elle conservait la paix et une douce gaieté.

Un jour, pour l'encourager, l'aumônier de la maison lui disait :

— Patience, sœur Marie-Bernard, vous allez bientôt être au bout et après, c'est le ciel.

— Eh ! Monsieur l'abbé, dit en souriant Bernadette, voilà bien des fois que vous me parlez de ce bout, et je ne le vois jamais venir.

Parfois son humilité lui faisait craindre les jugements de Dieu et elle s'écriait avec effroi : « Que de grâces j'ai reçues dans ma vie et combien j'en ai peu profité ! Mon Dieu, qu'il vous faudra de miséricorde pour me recevoir dans un petit coin de votre Paradis ! »

Ses sœurs la rassuraient alors en lui disant : « Oh ! sœur Marie-Bernard, ne craignez pas, si le bon Dieu faisait des difficultés pour vous laisser entrer, Notre-Dame de Lourdes sera là. »

Alors son beau regard s'élevait avec confiance vers le ciel : « Vous avez raison, disait-elle, oh ! la sainte Vierge, elle est si bonne ! »

Et elle restait un instant sans parler, revoyant sans doute dans son souvenir le tendre sourire de la Reine des Anges. Vers le mois de mars ses souffrances devinrent si continuelles et si vives qu'elle ne voulait plus se séparer un instant de son crucifix dont elle baisait sans cesse les plaies avec amour, répétant toujours : « Tout ce que vous voudrez, mon Dieu, tout ce que vous voudrez, je n'ai pas encore tant souffert pour vous, que vous avez souffert pour moi. »

Trop faible bientôt pour tenir ce crucifix dans sa main, et le porter à ses lèvres, elle demanda qu'on le lui attachât fortement sur la poitrine, afin de sentir toujours Jésus crucifié pour lui donner le courage de supporter avec patience ses propres douleurs.

Plusieurs fois, dans les derniers jours, elle demanda pardon à ses supérieures de toutes les peines qu'elle leur avait faites ou, du moins, qu'elle croyait leur avoir faites et du peu de services qu'elle avait rendus, remerciant toujours de la charité que l'on avait eue à la recevoir et priant aussi ses sœurs de lui pardonner les mauvais exemples qu'elle croyait leur avoir donnés. Ses derniers jours furent une terrible agonie qui faisait songer à celle de Notre-Seigneur et à sa douloureuse Passion ; son corps n'était plus qu'une plaie, elle ne pouvait trouver une position supportable ni au lit, ni dans son fauteuil ; elle priait sans cesse, suppliant Dieu de ne pas l'abandonner. Le démon chercha un instant à s'approcher de cette âme si pure, de cette enfant choisie par la Vierge Immaculée pour être, sur cette terre, non seulement sa messagère, mais encore l'instrument si docile de ses volontés. On vit la pauvre mourante devenir toute tremblante, faire son signe de croix et s'écrier avec terreur : « Va t'en Satan ! va t'en ! » Puis se tournant du côté de ses sœurs elle leur demanda de s'agenouiller et de prier pour elle, mais son combat ne fut pas long et son visage prenant ensuite une expression de joie céleste, ses yeux

Mort de Bernadette.

se fixèrent avec un bonheur indicible comme sur un objet invisible, ses bras s'étendirent en avant, et sa bouche s'entr'ouvrit comme autrefois dans l'extase et prononça un « Oh ! » d'admiration et de surprise. Marie Immaculée venait-elle de se montrer une fois encore à son enfant, pour la consoler et lui donner la force de souffrir pour les pécheurs, car elle ne devait pas quitter la terre avant quelques jours encore.

Je ne vous raconterai point en détail, mes chers enfants, les dernières et douloureuses journées de sœur Marie-Bernard. Le 16 avril, dès le matin, Bernadette entra visiblement en agonie, toute la communauté vint auprès d'elle faire les prières de la recommandation de l'âme auxquelles elle répondit avec ferveur. Sa poitrine était en feu et ses douleurs souvent insupportables. A trois heures, heure consacrée par le souvenir de la mort de Notre-Seigneur, elle éleva tout à coup les bras et s'écria : « Mon Dieu ! mon Dieu ! » La pauvre enfant était vraiment sur la croix comme son divin Maître, sans doute la Mère de Jésus était là aussi près d'elle comme au Calvaire et Bernadette s'écria de nouveau : « Sainte Marie, mère de Dieu, priez pour moi, pauvre pécheresse. » Puis ne se sentant plus la force de prier elle-même, elle regarda d'un air suppliant la sœur Nathalie agenouillée près d'elle et lui dit : « Aidez-moi ! » La sœur fit aussitôt plusieurs invocations à la sainte Vierge.

« J'ai soif ! » dit ensuite la pauvre mourante. On lui présenta à boire, mais avant de porter le verre à ses lèvres elle fit encore une fois ce grand et solennel signe de croix qui avait tant de fois ému la foule aux Roches Massabielle et qu'elle avait appris de la Vierge Immaculée, puis après avoir bu quelques gouttes de liquide elle baissa la tête et poussa un léger soupir.

L'âme de Bernadette, brisant sa frêle enveloppe était retournée à son Créateur. Sans doute, la Reine du Ciel vint au devant de sa fille chérie lui répéter la promesse sacrée qu'elle lui avait déjà faite :

« Tu as beaucoup souffert, en ce monde, pour moi et pour la gloire de mon divin Fils, tu m'as été obéissante et fidèle, tu as conservé la pureté de ton cœur, la simplicité et l'humilité de ton âme malgré toutes les faveurs dont je t'ai comblée ; viens que je te présente à mon Fils, et que je te rende heureuse pour toute l'éternité. »

Ce fut une grande douleur dans le couvent de Saint-Gildard que la perte de cette enfant de grâces et de bénédiction ; toutes ses sœurs lui avaient donné leurs commissions pour le ciel, et elle avait promis à toutes de ne pas les oublier, et au milieu des larmes, chacune racontait mille traits charmants de la vertu de la piété, de l'héroïque patience, de la douceur dans les souffrances, de cette chère sœur Marie-Bernard. Le bruit de sa mort se répandit bien vite à Nevers, et l'émotion fut grande ; dans toutes les classes de la société on ne s'abordait que par ces mots : « Bernadette est morte ! la Sainte est morte ! »

On vît le lendemain 19, une foule immense, où tous les rangs étaient confondus, se presser autour du couvent de Saint-Gildard pour tâcher de pénétrer dans la chapelle devenue bien trop petite ce jour-là. Monseigneur de

Nevers en tournée pastorale, revint de suite, tenant à rendre lui-même les derniers devoirs à l'enfant chérie de la Reine du Ciel ; il ne voulut céder à personne le droit de célébrer la messe et celui de faire l'absoute. Le petit cercueil recouvert de drap blanc, disparaissait sous les couronnes de fleurs printanières et sous les bouquets envoyés de toutes parts. Un parchemin avait été déposé dans la bière, sur lequel on avait écrit l'histoire miraculeuse de l'humble religieuse qu'elle renfermait. Quand trois jours après sa mort, on l'y avait couchée, son corps, et ses membres avaient gardé une souplesse parfaite, et ses traits nullement défigurés conservaient l'empreinte d'une douceur et d'une candeur célestes dont toutes les religieuses furent frappées.

Nous ne voulons par vous dire, mes enfants, avant que le Souverain Pontife et la Sainte Église nous l'aient permis, que Bernadette était une sainte ; mais certainement son âme pure, qui, d'après ce qu'ont affirmé tous ses confesseurs, n'avait point perdu la grâce du baptême, n'ayant pas commis de fautes mortelles devait être agréable à Dieu. Les faveurs que lui avaient accordées la très sainte Vierge n'avaient altéré, comme vous l'avez vu, ni son humilité, ni sa simplicité et elle a été l'instrument docile de la Reine du Ciel dans la plus grande grâce qu'elle ait faite à la terre. Au moment du couronnement, Mgr Peyramale, racontait à plusieurs évêques qui se trouvaient à Lourdes, qu'au mois d'août 1858, le jour de la fête de l'Assomption, je crois, il fut frappé en se retournant à l'autel pour donner la sainte communion, de voir tout à coup, un rayon lumineux s'échapper du saint ciboire qu'il portait entre les mains et aller retrouver une auréole de lumière brillante qui entourait a tête de l'une des personnes agenouillées à la Table Sainte ; toutes les têtes étaient inclinées, les capulets rabattus sur le front et il ne pouvait voir les visages.

« Je vous avoue, dit Mgr Peyramale, qu'oubliant ce jour-là, la défense qui nous est faite de fixer nos regards sur les personnes auxquelles nous donnons la sainte communion, je regardai de suite le visage de celle qui était l'objet d'une faveur si extraordinaire, je reconnus Bernadette et si je n'avais cru déjà à la vérité des apparitions, je crois que je n'aurais pu douter ensuite. Peut-être Notre-Seigneur a-t-il voulu m'encourager, par la preuve sensible de la pureté de l'âme de cette enfant, à la défendre et à travailler avec elle, de tout mon pouvoir, à la gloire de l'Immaculée Conception. »

Depuis seize ans déjà, que la pauvre petite bergère de Bartrès dont l'humble nom devait être connu du monde entier, jouit nous n'en doutons pas des joies éternelles, du haut de ce céleste séjour, elle a pu contempler les progrès toujours grandissants, de la dévotion à Notre-Dame de Lourdes, elle a pu voir ces centaines de mille pèlerins qui viennent chaque année s'agenouiller aux Roches Massabielle, elle entend ces chants d'amour et d'actions de grâces, elle voit ces milliers de cierges qui brûlent devant la Grotte bénie, elle a vu s'élever au dessous de la Basilique, devenue insuffisante pour contenir les pèlerinages, cette nouvelle église du Rosaire avec ses quinze autels formant une couronne à la Mère de Dieu.

Nous allons vous dire, mes chers enfants, quelques mots des miracles et des grâces qui ont pu réjouir son cœur.

CHAPITRE XXI

MIRACLES ET GRACES

Je ne veux point entreprendre, mes chers enfants, de vous raconter longuement et en détail les innombrables miracles opérés à Lourdes, ou même dans toute la France, par l'eau de la Fontaine miraculeuse, depuis ceux dont je vous ai parlé de Louis Bourriette et de Justin Bouhohorts, pour vous dire seulement les noms de tous ces privilégiés de Marie Immaculée ; il faudrait bien des pages, puisque, d'après le relevé des *Annales de Lourdes* le nombre des guérisons s'élève à neuf mille depuis vingt ans et que, pendant les trois grands mois pendant lesquels les pèlerinages sont plus nombreux, on compte à peu près à Lourdes chaque année cent-cinquante guérisons ou améliorations, constatées par plusieurs médecins eux-mêmes.

On vous dira que quelquefois dans un moment d'enthousiasme on crie sans raison : « Au miracle ! » Qu'on exagère, qu'il y ait des gens qui, pour attirer sur eux l'attention se disent guéris de maux qu'ils n'avaient pas, d'autres qui, surexcités un instant par tout ce qui se passe et se dit autour d'eux, éprouvent une amélioration qui ne dure pas, cela peut arriver et arrive certainement, mes chers enfants. La sainte Vierge ne guérit point tous ceux qui souffrent, il n'y aurait plus alors de maladies en ce monde et la maladie et toutes les peines de ce monde, qui sont la punition du péché et que le bon Dieu nous envoie pour mériter dans le ciel une plus belle couronne, existeront toujours ; tout cela n'empêche pas que Lourdes est bien nommée la terre des miracles et que l'eau que la très sainte Vierge a fait jaillir du rocher sous la main de Bernadette, rend chaque année la santé à un grand nombre de malades, abandonnés et condamnés par les médecins.

Peu de temps après le petit Justin Bouhohorts, un jeune enfant nommé Henri Busquet, avait été atteint d'une fièvre typhoïde à la suite de laquelle, un abcès de fort mauvaise nature lui était venu à la poitrine, et lui avait laissé une plaie profonde et sanglante de la largeur de la main, qu'aucun médecin n'avait pu faire guérir ; elle avait épuisé les forces du pauvre petit qui, devenu d'une maigreur et d'une faiblesse extrêmes, ne pouvait plus supporter aucune nourriture. On s'attendait à le voir mourir promptement et les médecins n'avaient pas caché à ses parents qu'il était perdu, quand sa mère ayant entendu parler des guérisons obtenues à Lourdes, eût l'idée de se procurer de l'eau de la Fontaine miraculeuse ; elle en appliqua une compresse sur l'horrible plaie de son pauvre enfant. Quand elle voulut, le lendemain matin, renouveler la compresse, elle faillit tomber à la renverse de surprise, la plaie était complètement fermée, une peau fine et rose la recouvrait, qui n'était même pas sensible au toucher, et l'enfant, dont le regard exprimait, non plus la souffrance, mais le bien-être demandait son déjeuner. Quand le médecin fut appelé pour constater ce prodige il resta anéanti et fut obligé de s'incliner devant cette toute-puissance de Dieu devant laquelle la science humaine est bien peu de chose, mes chers enfants.

Il y avait aussi, dans ce temps-là au Sacré-Cœur de Bordeaux, une jeune fille nommée Marie Moreau de S***. A sa naissance elle avait donné les plus grandes inquiétudes, et sa mère étant aussi très malade à ce moment-là, son père, fou de chagrin, avait promis à la très sainte Vierge, que si elle lui conservait sa femme et sa fille, celle-ci, ne porterait jamais d'autre nom que celui de Marie, car elle n'était pas encore baptisée ; la Mère de Jésus, dans son infinie bonté, accueillit la prière faite avec tant de foi par M. Moreau de S***, et après les heures d'angoisses, la joie fut grande dans la maison ; mais, quand arriva le jour du baptême, et que M. Moreau annonça son intention formelle d'appeler sa fille Marie, ne voulant pas même qu'on lui donnât d'autres noms, tout le monde se récria, lui disant que Marie, était le nom de toutes les cuisinières ; les grands-parents protestèrent contre ce nom si vulgaire ; la jeune mère consentait bien à le lui donner sur les registres de l'état-civil et de la paroisse, à la condition qu'elle en porterait un autre moins commun ; mais le père chrétien tint bon : « Non, dit-il, je ne céderai pas, ce serait une lâcheté et une ingratitude de ma part. Quand j'ai été malheureux, j'ai prié la très sainte Vierge de venir à mon secours, je lui ai promis alors que ma fille ne porterait jamais d'autre nom que le sien, et maintenant, que, grâce à sa protection, j'ai retrouvé le bonheur, je manquerais à ma promesse ! non, non, ma fille s'appellera Marie. » M. Moreau était d'ordinaire fort peu entêté dans ses idées, on s'étonna de sa ténacité, mais il fallut céder.

Ce fut cette petite Marie, qui, au Sacré-Cœur de Bordeaux, peu d'années après les apparitions de Notre-Dame de Lourdes fut prise d'un mal d'yeux, qui, d'abord sembla sans gravité, mais qui bientôt donna de si grandes inquiétudes, que sa famille désira une consultation du docteur Guépin, si connu comme oculiste ; le savant docteur déclara le mal fort grave, et sans remède : c'était une amorose, c'est-à-dire, une maladie contre laquelle la science ne peut rien, et qui rend complètement aveugle au bout de quelque temps ; il prescrivit un traitement insignifiant, et les pauvres parents emmenèrent leur fille chez eux, le cœur brisé de douleur. Deux autres médecins furent appelés et ne firent que confirmer l'avis de leur confrère. Il n'y avait rien à faire, la pauvre petite Marie qui avait alors quatorze ou quinze ans, je crois, serait aveugle dans quelques semaines. Le mal fit en effet d'effrayants progrès, et bientôt la jeune fille n'aperçut plus qu'à travers un voile épais d'abord, les objets les plus gros, seulement et ensuite plus que la lumière, qui elle-même, diminuait chaque jour ; désespérés, M. et M°™ Moreau, résolurent de la conduire à Paris et se préparaient sans confiance, et sans espoir, à ce douloureux voyage, quand M. Moreau, jetant les yeux sur la *semaine religieuse* du département, vit un long article sur les guérisons opérées à Lourdes ; ce fut pour ce père désolé comme un trait de lumière.

« Déjà, j'ai dû la vie de ma fille à l'intercession de la très sainte Vierge, dit-il, elle seule peut lui rendre la vue, comment n'y avons-nous pas songé plus tôt ? ce n'est pas à Paris que nous devons aller, mais à Lourdes : partons. M™ Moreau y consentit, mais, elle n'avait pas autant de confiance que son mari, elle ne voulait pas que sa pauvre enfant put avoir une déception et ne cherchait point à ranimer son espérance et sa foi.

Dès le soir de son arrivée, M. Moreau courut chercher de l'eau miraculeuse ; toute la famille pria et un bandeau imbibé de l'eau de la Fontaine, fut attaché sur les yeux de la pauvre jeune fille qui s'endormit presque aussitôt. Seul, le père veilla la plus grande partie de la nuit, pria avec larmes et supplications, au pied d'une statue de Notre-Dame de Lourdes : « Oh ! Vierge Immaculée, disait-il, vous rendrez, n'est-ce pas, la vue à mon enfant, vous, avez été déjà si bonne pour moi : je ne puis douter de vous puis, vous savez si j'ai dû combattre pour qu'elle portât votre nom, elle est à vous, c'est votre enfant, n'ai-je pas assuré à tout le monde que ce nom de Marie lui porterait bonheur? Vous me devez sa guérison, j'y compte, je la veux, donnez raison à ma confiance, je vous en conjure, montrez que je ne me suis pas trompé ; guérissez ma fille, guérissez votre enfant elle portera vos livrées jusqu'à son mariage, vous savez si je suis fidèle à mes promesses.» Et le pauvre père priait, pleurait, ordonnait presque, avec une foi admirable.

Le lendemain matin, aux premiers rayons du soleil, la jeune Marie s'éveilla gênée par le bandeau qui lui couvrait les yeux, elle l'enleva brusquement. Oh! mes enfants, quelle surprise! les plus petits objets placés dans la chambre, tout était distinct. Le nuage qui couvrait les yeux avait disparu ; Marie poussa un cri de joie qui éveilla sa sœur couchée près d'elle.

— J'y vois, dit-elle, je suis guérie ! La petite fille se jeta à son cou.

— Je cours le dire à papa et à maman, dit-elle, vont-ils être heureux !

— Attends, dit Marie tremblante d'émotion, si je me trompais ! donne-moi ce livre; et elle désignait du doigt un petit volume, placé assez loin d'elle sur une table. Sa sœur courut le chercher aussitôt, Marie l'ouvrit et lut, sans aucune peine, une demi-page de caractères très fins. « C'est bien vrai, dit-elle, je suis guérie ! papa ! maman !

Le père et la mère arrivèrent ; vous comprenez, mes enfants, à quels transports de joie et de reconnaissance ils se livrèrent. Les beaux yeux de leur fille étaient devenus brillants et expressifs, aucune trace de la maladie terrible, dont-ils étaient atteints la veille encore, ne put y être constatée par les médecins obligés de reconnaître le miracle. Quelques jours après M{\ls}^{lle}$ Moreau rentrait au Sacré-Cœur de Bordeaux, où elle put, sans aucune fatigue, reprendre et continuer ses études.

Elle porta jusqu'au jour de son mariage, comme l'avait promis son père, la livrée blanche et bleue de la Vierge Immaculée, et quand, le lendemain, elle vint avec son mari, apporter sa couronne et son bouquet de mariée à la Grotte de Lourdes, elle offrit à Bernadette ses derniers vêtements bleus, la priant de les porter désormais pour elle. Ce fut le seul cadeau qu'accepta jamais la fille de François Soubirous.

Je veux vous dire seulement quelques mots de Pierre Rudder, ouvrier belge, qui avait eu la jambe brisée, par la chute d'un arbre, et n'avait pu être guéri par aucun médecin ; il s'était formé à cette jambe une plaie profonde. Après de longs mois de souffrances, il était question de la lui couper quand Rudder, qui avait toujours eu une grande dévotion à la sainte Vierge, demanda à sa femme de le conduire à un pèlerinage à quelques lieues de Gand, où avait été construite au bas d'une petite montagne, une grotte que l'on s'était efforcé de rendre aussi semblable que possible à celle de Lourdes, et au-dessus de laquelle avait été placée une magnifique statue de la Vierge des apparitions ; on venait de loin prier dans ce petit sanctuaire,

« Puisque je ne puis aller à Lourdes, se disait Rudder, je veux aller à Oostacher prier Notre-Dame de Lourdes, il me semble qu'elle me guérira. » Ce voyage était bien difficile déjà pour le pauvre ouvrier qui se traînait avec peine sur deux béquilles et dont la jambe, à moitié morte ne tenait plus que bien faiblement à son corps et s'en allait ainsi que son pied de tous les côtés. Enfin il arriva à la grotte avec une extrême fatigue, et presque aussitôt il éprouva une telle émotion et un tel saisissement que, ne sachant plus ce qu'il faisait, comme poussé par une force invisible, il posa à terre ses deux béquilles et se prosterna aux pieds de la statue miraculeuse. Longtemps, il resta ainsi, sans se rendre compte de ce qui se passait autour de lui, et quand il se remit, il fut fort étonné de se trouver à genoux par terre, ses béquilles près de lui, mais au bien-être qu'il éprouvait, il comprit de suite qu'il était guéri, et levant ses yeux, remplis de larmes vers la statue de la Mère de Dieu, salut des infirmes et consolation des affligés, il s'écria :

« Oh! Marie! Marie! merci, vous m'avez guéri! » Il l'était en effet, ses os s'étaient rejoints et ressoudés ; sa plaie était fermée et il pouvait marcher sans le secours même d'un bras. Sa femme éprouva une telle émotion, quand elle le vit debout qu'elle s'évanouit. Quand le pauvre ouvrier, transporté de bonheur, revint chez lui, ses amis, ses parents, ses voisins, le voyant marcher d'un pas ferme et assuré n'en pouvaient croire leurs yeux. Le ministre protestant lui-même vint lui serrer la main « C'est votre foi qui vous a guéri » ne put-il s'empêcher de lui dire.

Quant au médecin, impie et libre-penseur qui l'avait soigné, il haussa d'abord les épaules.

— Allons donc, dit-il, croyez-vous que je puis croire de semblables folies?

— Regardez, dit en souriant Rudder.

Il examina, palpa, et ne prononça pas une parole; qu'avait-il à dire ? Quelle puissance humaine, mes enfants, pourrait en effet, accomplir de pareilles choses et quelle science aurait pu, en quelques heures, souder des os, fermer des plaies, rendre à un membre mort sa force première si ce n'était la science de Celui qui a créé l'homme d'une poignée de poussière, et qui daigne souvent remettre entre les mains de sa Mère Immaculée son pouvoir divin par amour pour elle et aussi par compassion pour les hommes?

La guérison de ce pauvre ouvrier belge, mes enfants, n'est pas la seule de ce genre, croyez-le bien, et je pourrais vous citer des centaines de faits aussi merveilleux, vous parler de plaies de toutes sortes guéries en quelques minutes, et aussi de cette horrible maladie, qu'on appelle la lèpre, ne laissant plus aucune trace, ou seulement une certaine rougeur de la peau, sur ces pauvres corps humains, qui n'étaient qu'une plaie, qu'une croûte avant un bain de quelques secondes dans l'eau miraculeuse; je pourrais vous nommer beaucoup de sourds-muets, ces pauvres êtres infirmes, privés depuis leur naissance de la parole et de l'ouïe, et qui, après une fervente prière devant la Grotte et quelques gouttes d'eau versées dans leurs oreilles ont parlé et prononcé de leurs lèvres frémissantes d'émotion, le nom de Marie, de cette Mère si bonne qui venait de les délivrer de leur terrible infirmité. Il me faudrait des pages et des pages et presque des volumes pour vous raconter les bienfaits de Notre-Dame de Lourdes, je ne veux plus vous dire qu'un mot sur la guérison de M. Henri Lasserre, l'historien de Notre-Dame de Lourdes, le fidèle ami du curé Peyramale et de Bernadette.

Il était jeune, et, au moment des apparitions, tout à coup il fut atteint d'un mal d'yeux qui lui rendit d'abord le travail très difficile et l'obligea enfin à le cesser tout à fait ; il avait consulté plusieurs médecins, suivi des traitements, et son mal devenait chaque jour plus grave. Il se décourageait un jour devant un de ses amis protestant et qui depuis a été ministre (M. de Freycinet) : « Je ne comprends pas, dit le protestant, que toi qui es un catholique, et qui crois à la puissance de la Vierge et aux miracles, tu ne fasses pas écrire au curé de Lourdes, pour le prier de t'envoyer de cette eau qui, on le prétend, guérit tous les maux. A ta place je n'hésiterais pas ; si cela ne fait pas de bien, cela ne peut pas faire de mal. Veux-tu que j'écrive de suite en ton nom ? »

M. Lasserre surpris hésita un instant. « Après tout, tu as peut-être une bonne idée, dit-il enfin, allons, écrivons. Si la sainte Vierge me rend mes yeux, tu croiras peut-être à sa puissance. »

L'eau miraculeuse arriva promptement de Lourdes, et, dès les premières lotions que M. Lasserre fit à ses pauvres yeux si malades, le mal disparut complètement ; il put reprendre son travail sans la moindre fatigue, malheureusement la lumière ne se fit pas dans l'âme du protestant. Le cœur rempli de reconnaissance, M. Lasserre s'empressa de venir à Lourdes, s'agenouiller au pied du rocher de l'Apparition, pour y remercier la Vierge Immaculée, et il ne trouva point de meilleures preuves à lui donner de sa gratitude que de former le projet d'écrire son histoire et ses bienfaits. Il vît souvent Bernadette pendant son séjour à Lourdes, il causa beaucoup avec elle et l'enfant bénie de Marie fut toute heureuse de l'encourager dans son pieux projet ; il fit aussi de longues visites au bon curé Peyramale, vit même M#r# de Tarbes qui lui remit tous les papiers concernant Lourdes pour lui faciliter sa tâche. Mais de retour à Paris, M. Lasserre, entraîné par d'autres travaux oublia pendant longtemps la promesse faite aux Roches Massabielle. Grande fut sa surprise quand un jour qu'il était entré, comme poussé par une inspiration intérieure dans l'humble chapelle d'un couvent devant lequel il passait, pour s'y confesser, d'entendre le religieux qui venait de l'absoudre, lui ordonner de se mettre non pas dans huit jours, dans quinze jours, mais en rentrant chez lui, à écrire cette histoire de Notre-Dame de Lourdes, depuis si longtemps promise comme un témoignage de sa reconnaissance. Ce religieux auquel M. Henri Lasserre s'était adressé sans le connaître, était un Juif converti par la très sainte Vierge pendant son séjour à Rome. M. Henri Lasserre, voyant bien que l'ordre qu'il venait de recevoir ne pouvait venir que du ciel, se mit à l'œuvre avec confiance, et on put lire bientôt, dans les cinq parties du monde, ces faits miraculeux et touchants que je viens de vous raconter, mes chers enfants, et le nom de l'humble bergère des Pyrénées fut connu et aimé au-delà des mers, comme sur notre chère terre de France.

CHAPITRE XXII

LES PÈLERINAGES

Vous vous en souvenez, mes enfants, la sainte Vierge avait demandé que les pèlerins accourussent nombreux à la Grotte ; que les malades vinssent en foule boire et se laver à la Fontaine miraculeuse ; eh bien, sur la parole et le témoignage de cette humble enfant, dont vous connaissez tous maintenant la touchante histoire, ces pèlerins et ces malades sont venus si nombreux, que ce n'est pas un des moindres miracles de Lourdes, et la Vierge Immaculée, peut se réjouir, du haut de son trône de gloire, en contemplant ces foules qui arrivent chaque année, se succédant, sans interruption, au pied des Roches Massabielle, arrivant, non plus seulement des environs mais encore des points les plus reculés de la France, même de la Hollande, de la Belgique, de la Suisse, d'Irlande, d'Espagne, d'Autriche, de Pologne. Sans compter, tous les pèlerins isolés qui arrivent, pleins de confiance et de foi, de tous les pays du monde, invoquer la Vierge Immaculée. On a vu même traverser les mers des groupes de pèlerins des deux Amériques, apporter à Notre-Dame de Lourdes, leur tribut d'hommages et d'amour. Leur bannière flotte aux murs de la basilique, comme un perpétuel témoignage de leur piété et de leur confiance envers la Reine du ciel. Comme elle les protège et les bénit ses pèlerins, Notre-Dame de Lourdes ! Il faut bien qu'elle veille sur eux, pour qu'aucun accident ne soit jamais arrivé, à ces trains qui les apportent jour et nuit, et qui causent un si lourd surcroît de travail aux employés de chemins de fer, dont une minute de distraction pourrait être si fatale. La sainte Vierge a permis qu'un terrible accident vint donner une preuve, plus grande encore, de sa maternelle protection et de sa puissance. C'était dans la nuit du 1er au 2 juillet 1876, et ce 2 juillet, devaient avoir lieu, à Lourdes, les superbes fêtes du couronnement de l'Immaculée Conception, dont je vous ai parlé. Un train venant du Poitou et amenant cinq ou six cents pèlerins, se trouvait, vers une heure de la nuit, à deux kilomètres de la gare d'Ygos, quand le mécanicien s'aperçut que les signaux n'étant pas faits, son train n'était pas attendu, et que celui appelé la Malle d'Espagne, qui devait passer à cette heure ne serait point arrêté à Ygos pour le croisement, et que n'ayant qu'une seule voie, il allait arriver sur lui, avec cette rapidité effrayante qui lui est propre ; bientôt en effet, il l'aperçut, au détour d'une courbe ; dans moins de cinq minutes, un choc épouvantable allait se produire et causer la mort de quantité de personnes ; il prévint le chauffeur du danger qu'ils couraient, mais il ne vint pas à ces braves gens, la pensée d'abandonner leur poste, ils cherchèrent à ralentir la marche du train ; en un clin d'œil la Malle d'Espagne fut sur eux ; il y eut un premier coup de tampon, qui causa un ébranlement si épouvantable, que d'un bout à l'autre des deux trains, les portières s'ouvrirent brusquement, les lampes se brisèrent, et les pèlerins surpris dans leur sommeil, furent jetés les uns sur les autres ; un immense cri de terreur retentit, puis, aussitôt un cri de confiance et de prière. « Non, nous ne pouvons périr, Notre-Dame de Lourdes, sauvez-nous, sauvez vos pèlerins. Repoussée par le premier coup de tampon, la locomotive de la Malle d'Espagne avait reculé, mais elle se lança de nouveau, furieuse d'être arrêtée dans sa course vertigineuse, brisa la locomotive du train de pèlerinage, et fit monter le wagon de bagages, demeuré vide, sur la voiture de première classe qui le suivait, et dans laquelle les voyageurs étaient au complet. Le bruit de ce second choc fut si épouvantable qu'il s'entendit à plusieurs lieues à la ronde, et que les paysans des villages environnants, arrivaient quelques heures après, apportant dans des charrettes et des chariots tout ce qu'ils pensaient pouvoir servir aux blessés ou aux morts.

Après ce second choc il se fit un profond silence, puis dans quelques compartiments, des voix entrecoupées par l'émotion entonnèrent l'*Ave Maris stella* ou le cantique : *Je mets ma confiance*. La nuit était noire, il pleuvait un peu.

« Que personne ne cherche à descendre, cria d'une voix aussi forte que le lui permettait son émotion qui l'étranglait, le directeur du pèlerinage, nous sommes en contre-bas. » Et passant rapidement sur le marchepied, il gagna la tête du train, de laquelle partaient des cris déchirants, qui étreignaient tous les cœurs, de la plus poignante angoisse. On demeura ainsi près d'une demi heure, puis le directeur du pèlerinage repassa, répétant cette parole à chaque wagon : « Qu'on chante le *Magnificat*, personne n'est blessé ! » Oh ! mes enfants, jamais aucun témoin de cet événement n'oubliera cette heure d'émotion, et le chant de ce *Magnificat*, chanté par six cents voix reconnaissantes, au milieu de la nuit, sur cette voie de chemin de fer. Satan dans sa rage, avait voulu que cette superbe fête du lendemain, à la gloire de sa plus mortelle ennemie, fut attristée, désenchantée, par cette affreuse catastrophe qui devait évidemment, sans un miracle, amener la mort de plusieurs de ses pèlerins dévoués, et les blessures plus ou moins graves de quantités d'autres ; mais Marie veillait sur eux, elle n'aurait pas permis que leur amour et leur foi fussent trompés dans leur confiance en elle, et étendant sont bras puissant, elle ordonna à la redoutable machine de s'arrêter, et la vapeur demeura suffoquante, en face du rain, que la Reine du Ciel venait de lui défendre de toucher. Le chauffeur et le mécanicien qui, dans le choc, avaient roulé sur les chaudières brûlantes de la machine brisée s'en relevèrent sans une égratignure, ni la moindre brûlure, et du wagon de première classe, enfoncé, tordu, brisé, tous les voyageurs furent retirés sans une contusion ; les cris entendus, n'avaient été jetés que par deux dames, auxquelles la frayeur avait causé des crises de nerfs ; chacun de ces voyageurs voulut rapporter chez lui un débris, une épave de ce wagon, que plusieurs firent encadrer avec la date du miracle.

Un inspecteur de chemin de fer, homme peu religieux, qui voyageait dans le train pour affaires de service, et qui ne s'était nullement mêlé aux chants et aux prières des pèlerins, déclara en fondant en larmes, qu'il serait maintenant le serviteur le plus fidèle de Notre-Dame de Lourdes, assurant comme un de ses confrères, le chef de gare de Mont-de-Marsan, qu'il fallait être du métier, pour bien comprendre ce que les pèlerins du Poitou devaient à Notre-Dame de Lourdes et à quel danger ils avaient échappé ; aussi quelle émotion, quand le soir, réunis devant la Grotte, autour de laquelle se pressaient soixante-dix mille pèlerins, le Révérend Père Roux de la Compagnie de Jésus, fit entendre, du haut de la chaire, ces émouvantes paroles : « Au milieu de ces soixante dix mille pèlerins, oh ! Vierge bénie, il s'en trouve six cents, j'en suis sûr, qui, le cœur encore plus ému, que les autres, jettent vers vous ce cri d'amour et de reconnaissance : Vive Notre-Dame de Lourdes ! vive l'Immaculée Conception ! Ce sont ces pèlerins du Poitou que vous avez protégés cette nuit, d'une façon si miraculeuse, et si touchante, faisant éclater ainsi votre puissance et votre bonté à tous nos yeux ; *Magnificat* pour les pèlerins des Deux-Sèvres ! »

Oui, Marie est bonne, mes chers enfants, vous le saviez et vous le saurez mieux encore, je l'espère.

Jetons maintenant un regard d'ensemble sur ces grands pèlerinages nationaux, dont vous avez bien entendu parler, et qui, de tous les points de la France, apportent chaque année à Lourdes, douze ou quinze cents malades. C'est là que l'on constate tant d'esprit de foi, tant de sublime dévouement et d'héroïque charité.

Vous avez tous entendu parler, j'en suis sûre, de ces quatre ou cinq trains, qui au lendemain de l'Assomption, partent chaque année de Paris, emportant vers la Fontaine miraculeuse que vous avez vu jaillir, sur un ordre de la Reine du Ciel, sous les doigts de Bernadette, cette prodigieuse quantité d'infirmes et de malades, au milieu desquels on voit même des mourants, et où l'on peut se rendre compte des plus repoussantes infirmités auxquelles est condamnée notre pauvre nature humaine. En les considérant, mes chers enfants, combien vous vous sentiriez humiliés ; comment avoir de l'orgueil de sa jolie figure, de sa tournure élégante, de son intelligence, de sa fortune, quand on voit si bien qu'il ne faut qu'un instant, qu'une maladie, qu'un accident, pour nous enlever tous ces avantages si fragiles, et qui sont si peu de chose au point de vue de notre bonheur éternel. On y voit beaucoup d'enfants, comme vous, pâles, maigres, sourds, aveugles, se traînant sur des béquilles, portés sur des brancards, les membres tordus, contournés par d'affreuses convulsions nerveuses, couverts de lèpres affreuses ou d'horribles plaies ; des jeunes filles, des jeunes gens mourants, que les médecins ont abandonnés. La fatigue de ce long voyage a été pour beaucoup de ces pauvres gens un vrai martyre, mais ils ont tout accepté, pour venir demander à Notre-Dame de Lourdes un soulagement à leurs maux ou la résignation pour les accepter, et chaque année, cette bonne Mère, si bien nommée Consolatrice des affligés, répond à la confiance de plusieurs de ces pauvres malades par une complète guérison; tantôt, c'est au sortir de la piscine, comme Caroline Esserteau, la paralysée des Deux-Sèvres et tant d'autres ; tantôt, pendant une messe dite à la Crypte, comme l'abbé de Mussy ou Mlle de Fontenay ; beaucoup au passage du Saint-Sacrement, au milieu des malades, dont les cris si touchants font monter les larmes aux yeux, « Jésus, fils de Marie, ayez pitié de nous ! Seigneur faites que je voie. » Et Jésus, comme autrefois, quand il parcourait les bourgades de la Judée, répandant partout sur son passage, les bienfaits de son amour, ordonne, peut-être à la prière de sa divine Mère, à ce paralytique de se lever et de marcher ; à ce pauvre petit infirme qui n'avait jamais pu se tenir sur ses jambes informes, il dit : « Marche » et l'enfant court se jeter, plein de joie, dans les bras de sa mère, toute tremblante d'émotion ; Jésus dit encore à l'aveugle : « Vois » et celui-ci chante *Hosanna* en apercevant tout à coup la blanche statue éclatante de lumière, et le muet s'écrie : « *Magnificat*. » Tous ne sont pas guéris, mais tous sont consolés; sur cette terre bénie, il n'y a ni envie, ni jalousie ; on se réjouit du bonheur des autres comme s'il était sien et devant la Grotte, les Anges contemplent des actes admirables de charité. Voulez-vous que je vous en cite un ? De l'autre bout de la France était venu à Lourdes un jeune prêtre atteint depuis bien des années, d'une paralysie qui lui avait complètement enlevé l'usage de ses jambes et gravement atteint aussi sa vue, car il lui était impossible de lire et d'écrire et bien que très résigné à la volonté de Dieu, il souffrait beaucoup dans son âme ardente de la privation de ne pouvoir exercer le ministère sacerdotal. Pressé par ses parents et ses amis il vint plein de foi et d'espérance à la Grotte bénie où il arriva confiant, mais brisé des fatigues d'un long et pénible voyage. Dès le lendemain de son arrivée, il rencontra à la Crypte un enfant d'une quinzaine d'années, au visage d'une douceur angélique ; son père, un ouvrier aux formes robustes, l'avait apporté dans ses bras et couché sur deux chaises avec des précautions infinies. L'enfant priait avec une ferveur céleste, il était pâle et son enveloppe terrestre semblait si frêle qu'on eût dit que l'âme qui l'habitait allait à chaque instant s'envoler. Les yeux du prêtre infirme rencontrèrent le doux visage de l'enfant et son cœur ressentit une émotion profonde.

— Comment vous nommez-vous ? demanda-t-il avec intérêt au petit malade.

— Pierre, dit l'enfant fixant son beau regard sur le prêtre.

— Eh bien ! petit Pierre, dit le pauvre paralysé, priez pour moi, je prierai pour vous.

— De tout mon cœur, Monsieur l'abbé, dit petit Pierre.

Plusieurs fois pendant la semaine, le prêtre et l'enfant se rencontrèrent, se regardant et se souriant toujours. Il y avait dans ce regard du prêtre une compassion attendrie et dans celui de l'enfant un douloureux respect. Le jour de l'Assomption, le prêtre fut guéri à la Crypte, aussitôt il se rendit à la Grotte pour chanter dans une inexprimable émotion le *Magnificat* et saluer sa libératrice ; une foule nombreuse l'y suivit ; elle l'entourait avec respect. Tout-à-coup on vit un ouvrier se frayer un passage au milieu de cette foule, sa figure était rude et bonne et des larmes coulaient sur ses joues brunies, il se précipite dans les bras de l'abbé de Musy, c'était le nom du prêtre qui venait d'être guéri.

— Petit Pierre est-il guéri aussi ? demande l'abbé avec anxiété à l'ouvrier qu'il vient de reconnaître pour le père de son jeune ami.

— Non, Monsieur l'abbé, dit l'ouvrier et voyant aussitôt une expression de tristesse, passer sur le visage rayonnant de joie de l'abbé de Musy : Ah ! Monsieur l'abbé, ajouta-t-il, la sainte Vierge fait bien ce qu'elle fait ! Aussi je n'éprouve que du bonheur.

Vous le voyez, mes enfants, pas une parole de murmure ou de regrets ne vient aux lèvres du père de ce pauvre enfant qui chérissait si tendrement son fils et venait depuis trois ans demander sa guérison Le prêtre se dirigeant alors vers l'enfant couché dans une brouette tout près de là, le pressa sur sa poitrine avec émotion [1].

— Ah! mon cher enfant, lui dit-il, que je voudrais que Notre-Dame de Lourdes vous fasse la même grâce qu'à moi !

Mais petit Pierre lève ses yeux purs sur le prêtre et répond :

— La sainte Vierge sait ce qui me convient. Il y a tant de garçons de mon âge qui offensent le bon Dieu et qui le blasphèment! Si j'avais la santé, peut-être, hélas ! ferais-je comme eux. Maintenant je ne l'offense point ; je l'aime de tout mon cœur, je le reçois dans la communion, je suis content. Ah ! que je préfère garder ma maladie et ne point offenser Dieu que de posséder la santé, si je devais en abuser et devenir !...La Sainte Vierge sait bien ce qu'elle fait !

Pierre avait à peine quinze ans ! Et il était fils d'un pauvre cordonnier de village !

Mais sans doute, mes enfants, il avait eu le bonheur d'avoir des parents chrétiens qui avaient su conserver la pureté de son âme et lui apprendre de bonne heure à aimer et servir le bon Dieu.

L'abbé de Musy reprit avec bonheur son ministère sacerdotal et chaque année on le voit encore, main-

---

[1] *Les épisodes miraculeux de Lourdes*, par M. Henri LASSERRE. — Le miracle de l'Assomption.

tenant couronné de cheveux blancs, célébrer une messe d'action de grâces à l'autel, où après sa guérison, il a eu la joie de célébrer comme il le disait sa *seconde première messe*.

Quant à Petit Pierre, la sainte Vierge le rappela promptement près d'elle en Paradis ; il mourut le sourire aux lèvres, consolant ceux qui l'entouraient : on eut dit que son âme pure entrevoyait les joies du Ciel. Il est doux de mourir quand on a beaucoup aimé la très sainte Vierge en ce monde.

Si vous assistiez, mes chers enfants, à ce beau pèlerinage national, vous y verriez de sublimes exemples de ce dévouement, de cette charité, dont l'amour de Dieu donne seul la force et le secret. Il n'y a pas que des religieuses, de ces saintes filles qui ont laissé leur famille, leur pays, renoncé au bonheur de ce monde, pour consacrer leur vie toute entière au service des pauvres et des affligés, qui à Lourdes, se dévouent aux soins des malades ; on y voit beaucoup de jeunes filles, de mères de famille, de femmes du monde, qui, portant le tablier des infirmières, vont et viennent, l'air joyeux, servant les repas aux malades ; leur portant à boire pendant les longues journées qu'ils passent devant la Grotte ; ne songeant ni à la fatigue, ni aux répugnances de leur nature délicate, pansant les plaies, et rendant aux infirmes les services les plus rebutants ; ce qui vous semblerait plus beau peut-être encore c'est de voir tant de jeunes gens du meilleur monde, des plus nobles familles de France, beaucoup d'hommes de tous les âges, et de tous les rangs, riches industriels, propriétaires, magistrats, même des députés et des généraux, portant à la boutonnière la rosette de la Légion d'honneur qui, dès les premières heures du jour aux dernières, sont là ; on les appelle les brancardiers, parce qu'ils se dévouent à transporter les malades de la Grotte aux hôpitaux, des hôpitaux aux piscines. Parmi les plus jeunes, on remarquait, il y a quelques années, un grand et beau jeune homme, toujours habillé de bleu ; c'était un Anglais infirme et protestant, il y avait peu de mois encore, il était venu aux Pyrénées, avec son précepteur, et à Lourdes par curiosité ; mais, devant la Grotte, il se sentit pressé de demander à la sainte Vierge, qu'il n'avait jamais priée, sa guérison, il fut aussitôt exaucé, il descendit guéri de la petite voiture où on le traînait chaque jour et vint s'agenouiller aux pieds de sa libératrice : «Oh ! Marie, dit-il en versant d'abondantes larmes de joie je sais maintenant qui vous êtes et de suite, je vais me faire catholique pour pouvoir vous aimer et vous servir toute ma vie. »

Et comme sa mère le pressait de revenir en Angleterre : « Non, non, écrivait-il, c'est à vous de venir me rejoindre, mère chérie, car j'ai promis à Notre-Dame de Lourdes que je ne la quitterais pas et que je me consacrerais au service des malades jusqu'au jour où vous et ma sœur, rentreriez aussi dans le sein de l'Église catholique où j'ai trouvé non seulement la foi, mais le bonheur. »

Il n'est point étonnant, de voir parmi les plus zélés serviteurs de Marie, beaucoup de jeunes officiers et de colonels, et même, comme je vous l'ai dit, des généraux ; ces braves, qui souvent ont vu la mort de près, ont senti sur les champs de bataille la puissante protection de Marie. Pendant cette affreuse guerre avec la Prusse, dont vous avez tous entendu parler, un jeune officier écrivait à sa mère :

« Je suis vivant, chère mère, et nous irons porter ma croix de la Légion d'honneur à Notre-Dame de Lourdes ; c'est sur cette médaille bénie que vous m'aviez passée au cou au moment de notre séparation qu'est venue s'aplatir la balle qui devait me frapper en pleine poitrine parmi celles qui pleuvaient sur moi, pendant la bataille de Gravelotte. Nous ne sommes plus que sept officiers debout dans mon régiment. »

Un autre écrivait :

« Cher père, les journaux vous auront dit le sort de mon régiment, et ce qu'a été la charge du 7ᵉ cuirassiers ; comment suis-je vivant ? je me le demanderais si je ne savais le vœu de ma mère à Notre-Dame de Lourdes, et si plusieurs fois pendant la mêlée, je n'avais dit : « Notre-Dame de Lourdes, priez pour moi. »

Et ce brave général de Sonis, mes enfants, qui puisait dans son amour du bon Dieu tant d'amour du devoir, de courage et de dévouement ; vous savez qu'après s'être battu comme un lion à Loigny, à la tête des zouaves pontificaux, dont un si grand nombre montrèrent ce jour-là, comment un soldat chrétien sait vaincre ou mourir, ce bon général de Sonis, à la fin de la bataille, ayant eu la cuisse fracassée, et son cheval tué sous lui, demeura une nuit entière parmi les morts, couché sur la neige glacée, souffrant d'inexprimables douleurs et perdant tout son sang ; n'a-t-il pas été soutenu et consolé par une apparition de Notre-Dame de Lourdes qu'il invoquait sans cesse ; elle vînt, la Vierge Immaculée, soutenir par sa douce présence les longues heures de cette nuit de torture et récompenser ainsi la foi et le courage du chrétien et du vaillant soldat.

Vous comprendrez maintenant pourquoi on voit dans la basilique de Lourdes, comme des témoignages d'actions de grâces, des épaulettes, des croix d'honneur, des sabres, des épées et tant de plaques de marbre portant quelques-unes des dates les plus tristes de la guerre de 1870.

UN DERNIER MOT

Voilà, mes chers petits, votre pieuse curiosité satisfaite, vous connaîtrez maintenant dans tous ses touchants détails, cette incomparable histoire des Roches Massabielle ; vous saurez toute la vie de Bernadette Soubirous, cette humble et pieuse enfant qui mérita d'être comblée dès ce monde des faveurs de la Reine du Ciel, qui en fit sa confidente, sa privilégiée ; vous pourrez raconter à vos petits amis, peut-être même à vos parents, la céleste beauté, la maternelle bonté de la Vierge Immaculée, en dire les miraculeux bienfaits, être enfin de petits apôtres de la dévotion à Notre-Dame de Lourdes, même au besoin ses défenseurs. Vous me regardez avec surprise : qui donc oserait l'attaquer, vos yeux me le demandent ? Ceux, qui comme vous, n'ont pas eu le bonheur de la connaître, n'ayant pas eu celui de naître dans une famille chrétienne, qui n'ont pas appris sur les genoux de leurs mères à prier et à aimer le bon Dieu, qui ont entendu, hélas ! blasphémer, peut-être leurs pères, qui, d'un foyer sans foi sont passés à l'école sans Dieu et qui, devenus des hommes, se sont enrégimentés dans ces sociétés qui font profession de ne rien croire et ne vivent que pour jouir, sans songer jamais qu'ils ont une âme immortelle ; mais, rassurez-vous, l'enfer et les méchants auront beau faire, ils ne détruiront jamais la puissance de Marie et n'empêcheront pas que les foules aillent toujours nombreuses à la Grotte bénie, chanter le refrain de ce beau cantique :

> O Marie, mère chérie
> Fais revivre en nos cœurs la foi des anciens jours
> Entends du haut du ciel le cri de la patrie :
> Catholique et Français toujours.

Et les écrivains impies auront beau entasser mensonges sur mensonges, comme l'a fait, l'an dernier, M. Zola, les pèlerins ne cesseront pas plus de se rendre à Lourdes, que l'eau de la Fontaine miraculeuse ne cessera de couler. Si jamais, mes chers enfants, se trouvait sous vos yeux cet ignoble livre signé de lui et intitulé : Lourdes, ce qui peut tromper les ignorants, souvenez-vous qu'il est une insulte et un blasphème contre la Mère que vous aimez, et que le Saint Père en a défendu la lecture, sous peine d'une faute grave. Il y a dans chaque ville quelques-uns de ces hommes impies qui, ne pouvant détruire la religion chez les autres, en raillent les pratiques pieuses. Il y a quelques années, le pèlerinage du Poitou venait d'entrer en gare de Niort, les pèlerins descendirent ; il y avait un certain nombre de femmes de cette partie des Deux-Sèvres que l'on appelle le Bocage ou la Gâtine, qui a pris une si grande part à la guerre de la Vendée et qui a su conserver encore, dans bon nombre de paroisses, la foi et la fidélité de ses pères. L'une de ces braves femmes qui portait en sautoir un gros chapelet de bois et sur sa poitrine le Sacré-Cœur vendéen, fut abordée par un personnage fort connu en ville par les idées libres penseuses qu'il affectait de professer à tout propos.

— Hé bien ! ma bonne femme, dit-il, prenant un air goguenard, vous arrivez de Lourdes, vous avez vu de belles choses là-bas, vous allez raconter tout cela dans votre pays.

— Bien sûr, mon bon monsieur, dit la paysanne.

— Je suis sûr, dit le libre-penseur qui se voyant entouré de beaucoup de monde, s'imaginait faire de l'esprit, que la vierge Marie qui, dit-on aimait beaucoup les bergères, vous sera apparue à vous aussi, peut-être en compagnie de son époux saint Joseph, qui sait si vous n'avez même pas vu le bon Dieu !

— Tout juste, mon bon monsieur, fit la paysanne avec un fin sourire ; j'avons eu le bonheur de voir toute la sainte famille, y avait que l'âne qui nous était pas apparu et ma foi, je sommes ben contente de le voir. »

Et faisant une belle révérence, elle tourna brusquement le dos à son interlocuteur qui, pétrifié, la mine fort allongée, demeurait immobile et ahuri au milieu des rires et des applaudissements qui éclataient autour de lui. C'est bien le cas de répéter le proverbe :

Rira bien qui rira le dernier

Maintenant, mes chers enfants, il ne me reste plus qu'à demander à Notre-Dame de Lourdes, de bénir ces pages consacrées à sa plus grande gloire et de vous donner à tous le plus tendre amour pour elle et la plus ferme confiance dans sa bonté ; qu'elle bénisse vos jeunes années, que vous grandissiez sous son regard, et que, quand viendront pour vous les heures difficiles de la vie, vous vous souveniez toujours que vous avez au ciel une Mère toujours prête à vous tendre les bras et à vous ouvrir son cœur, qu'elle est aussi la mère de Jésus qui ne sait rien refuser à sa prière.

FIN

TABLE DES MATIÈRES

	Pages.
Dédicace	7
Avant-propos	9
Chapitre Ier. — Lourdes	13
— II. — Bernadette	18
— III. — Le Jeudi-Gras	26
— IV. — Bernadette retourne à la Grotte	37
— V. — La foule à la Grotte	47
— VI. — L'abbé Peyramale	53
— VII. — Sixième apparition. Tristesse de la Vierge.	74
— VIII. — Monsieur Jacomet	79
— IX. — Septième apparition	92
— X. — Bernadette et le curé de Lourdes	98
— XI. — Bernadette acclamée	107
— XII. — La fontaine miraculeuse	113
— XIII. — Les premiers miracles à la Grotte	120
— XIV. — Le petit Justin de Bouhohorts	131
— XV. — Le lundi de Pâques. Les persécutions	142
— XVI. — Première Communion de Bernadette et dernière apparition	162
— XVII. — La Grotte se transforme	174
— VXIII. — Sœur Marie-Bernard	180

238 TABLE DES MATIÈRES

	Pages
Chapitre XIX. — Dernières années de Bernadette	192
— XX. — Mort de Bernadette	198
— XXI. — Miracles et grâces	207
— XX. — Les pèlerinages	218
Un dernier mot	233

TOURS

IMPRIMERIE DESLIS FRÈRES

6, RUE GAMBETTA, 6

www.ingramcontent.com/pod-product-compliance
Lightning Source LLC
Chambersburg PA
CBHW071940160426
43198CB00011B/1482